あなたに夢はありますか

～自分の夢を大切にするＤＮＡパラダイス人生～

株式会社コバック・ホールディングス
代表取締役社長
小林　憲司

（まえがき）


二十代の後半に差し掛かったばかりの、まだ若かった頃の話だ。

お客さんとの商談が一段落して、世間話をしている時だったと思う。

その人からこんなことを言われた。

「小林さん、心に描いた夢っていうのはね、必ず実現するものなんだよ」

そのフレーズを聞いた瞬間、漫画本や雑誌なんかでよく見かける、「どんな夢でも叶う魔法の○○」みたいな広告の絵と一緒に、インチキとか詐欺といった言葉が頭に浮かんだ。

（そんなことあるわけないだろ。心に描くだけで夢が実現できたら、誰も苦労しとらんわ）

胡散臭いなあと思いつつも、相手は大事なお客さんなので黙って聞いていると、あなたの人生の夢は何なのかと質問された。そのときは、とりあえずビジネスでは究極の豊田一番を達成できたころだったので、仕事上の夢はないが、強いていえばオープンカーと別荘を手に入れることだと答えた。

「それ以外には、何がありますか？」

その上から目線的な物言いに俺はちょっとイラッとした。

「これ以上、どんなことを望めばいいんですか」

実際、地域で一番になれたことで天狗になっていたところもあった。

だが、本当のことを言えばそのときの俺は次に目指すべきゴールを見失っていて、ある種の燃え尽き症候群のような状態になって仕事へのやる気が無くなっていたのだ。まだ経営者としてヒヨッコだった俺に、自分の人生の成功への舵取りは、自分自身の手にゆだねられていること。

どこへ向かうにも自分の夢とやる気によって決まるのだ――。

彼は真剣な眼差しで、そんなことを俺に話してくれた。半信半疑で彼の話に耳を傾けているうちに、何だか真っ暗に閉ざされていた自分の未来が急に開けていくような気持ちになっていったことを覚えている。

あの日から四十年近い歳月が流れた。今日まで騙されたつもりで、夢を描き夢を追い求めてきた。そんな俺は確信をもって彼が教えてくれた「心に描いた夢は必ず実現できる」という言葉が真実であると断言できる。

「あなたの夢はなんですか?」という質問に「豪華客船で世界一周したい」とか「ビジネスで成功して大金持ちになりたい」「世界的な大スターになりたい」といった答えが返ってくる中、ひとり「紅しょうがをたっぷりと乗せた牛丼」と答えた人がいた。その話を聞いて

――え、そんな小さなことでいいの？

――もっと大きな夢はないの？

おそらく多くの人がそんな疑問を抱くのではないだろうか。だが、もしその人が、末期ガンで余命幾ばくもない状況に置かれているとしたらどうだろう。もう水以外何も喉を通らないという状態になったとき、自分の好物を最後にもう一度食べてみたいという夢を誰も「小さい」などとは言えないはずだ。さらに踏み込んで言えば、その人が心の底から欲しているのは牛丼という食べ物そのものじゃない。かつて元気に働き牛丼をかき込んでいた頃のなんでもない日々と健康な肉体なのだ。

食べたいものが食べられて、行きたい所に行けて、見たいものが見れて、聞きたいものが聞けて……普段、当たり前のようにできていることが、他の誰かにとったら夢のようなことなのかもしれない。さらに言えば、雨風をしのげる場所や温かい毛布、食糧、安全、人が最低限生きていける環境を手に入れることが夢だという人も、地球上にはたくさんいる。

自分には夢なんかない、という人も、気がついていないだけで、実は心の奥底にやりたいことがいっぱいあるのかもしれない。だから俺は、人の夢には大きいも小さいもなく、立派だとか立派じゃないとか、価値があるとかないとか、そんな区別は一切ないし他人と比較しても何の価値も生まれない。世間だとか常識、誰に気兼ねすることなく、自分の夢を追い求めればいい。

人生に幕を下ろすとき

「もっとカネを稼いでおけばよかった」

と後悔しながら死んでいく人はいないという。

そして一人の例外もなく、人は誰でもこの世を去らねばならない時が来る。自分もそのことは頭ではわかっていたつもりだった。今日まで生きてきたように、明日からもまた同じように日々が続いていく……。それが単なる思い込みに過ぎないのだということに気づかされたのは、あるひとりの友の早すぎる死だった。

少年時代に出会い、共に青春を過ごし夢を語り合ったかけがえのない友「マッちゃん」こと松崎俊夫の死は、俺にとって計り知れないくらい大きな喪失だった。けれども彼は同時に今を生きること、そして夢を持つことの大切さを俺に教えてくれた。限られた時間の中で、われわれはどのように生き、何を残せるのか。

マッちゃんは、俺の目の前にその問いを突きつけた。あのとき、俺はアイツの分まで生きると決意した。

今年、二〇二五年は奇しくもマッちゃんの三十三回忌の年に当たる。そんな事情も重なったため、この本は天国にいる松崎俊夫に捧げたいと思う。

マッちゃんとの思い出、これまでに話したこと、話していなかったこと。そして、アイツがこの世を去ってしまってからのこと、俺のこれからのことなど、思いつくままにひとり語りの形で述べていきたいと思う。

本来ならこういった類の本の筆者というのは自身のことを「私」とか「僕」と書くべきところなのだろうが、本書では敢えて「俺」という言葉を用いている。

他にも言葉遣いや表現は多少乱暴だったりぶっきらぼうだったりするかもしれないが、それがいまの筆者の考えや気持を偽ることなく素直に表現できる書き方なのだということをご理解と共にご容赦いただければ幸いである。

二〇一五年竣工　コバックハピカ国際ビル

目次

目次

目次

■人生、どう肚をくくるか

人生、要は決断の仕方、肚のくくり方だと思う。

そう思わせてくれたのは、俺たちの永遠のヒーロー「永ちゃん」だ。伝説のロックバンド『キャロル』のリーダー、矢沢永吉。永ちゃんはほんとすごい。育った家庭環境、あそこまでハングリーで悔しい思いをすると、そこに到達するまでは絶対に気が済まない。そういう感情が芽生えてくると思う。けど俺の場合は、まずハングリーじゃなかった。そこが永ちゃんと全く違うところ。俺は上昇するための環境がなかった。自分で後付けするしかなかった。永ちゃんはスター、それもスーパーのつく次元の違う世界。スターになれなかったら生きてる意味がない。そんなのはもう俺の人生じゃないと言っていた。

俺の場合はデカい夢を掲げてはみたが「日本一の車検屋」という、別に俺自身は日本一になる必要もなければならなくても誰も困らないという、そこからの出発だった。

永ちゃんと比べてどうこうではないが永ちゃんが駆け抜けたように「車検日本一」が実現するとしたら俺にとっては人生最高のドラマだ。俺に与えられた自動車整備という土俵の上で一番になれれば最高の人生だ――。

あの時からそう思い始めた。「なれたらいいな」が「なってみたいな」になり、「それじゃあ、なってみようか」となっていった。当然、順風満帆でそこにたどり着けるとはまったく思ってない。逆風も吹くだろうし、いろんな壁にぶち当たるだろうと。

で、実際いろんなことがあった。悔しい思いもいっぱいした。眠れない夜もいっぱいあった。けど、その悔しい思いが自分を作ってきたんだと、いまは素直に思える。試練を与えてくれた人に感謝する気持ちさえ抱いている。

悲惨で残酷な現実――。永ちゃんの場合は家が貧しくて、小さい頃から馬鹿にされたり、食べるものがなくて水を飲んでしのいだりとか辛い目に遭ってきた。そういう経験を重ねて行くたびに、この野郎、俺は絶対ビッグになってやるという思いを強くしながら子供時代を送ってきたんだと思う。

俺は衣食住で困るといったこともなく、親に与えられたぬるま湯につかって生きてきた。温室育ちってやつだ。けど、小学校時代にいじめにあったり学級全員から無視をされたり自分にとって人生悲惨な出来事はあった。身長一六〇センチでチビと馬鹿にされ続けた。身体的にどうしようもないチビという事実。背が高くなりたいがために一所懸命食べ続けた結果、痩せ型体型からデブ型体型になりあだ名はチビからチビデブへ。中学校に入ったらコブリと言われ惨めな学生時代を続けた。暗い過去があったけどこれから夢も希望もないまま生き続け一生を終えるというのは面白くない。温室から飛び出して、過去のマイナス体験から抜け出して限られた小さいカテゴリーの中であっても、ひとつの頂点にたどり着くことができれば、それはそれで素晴らしいことじゃないか。そう思いはじめた。

うち（コバック）の社員も会社自体もそういった日本一となり「頂点を極める」体験ができれば、働く意味を高められるんじゃないだろうか。心からそう思い、それを夢にした。

そして、それが俺のモチベーション、原動力になりはじめた。

■「トヨタ」の洗礼の意味

アメリカのキング牧師が「私には夢がある（I Have a Dream)」というフレーズで知られる伝説のスピーチをした一九六三年、俺は愛知県豊田市で生まれた。

豊田市といえば、言わずと知れた世界のトヨタ自動車のお膝元だ。いわゆる企業城下町。良くも悪くも、とかくトヨタと比べられてしまう。そこに町の自動車修理工場「小林モータース」のせがれと

一九五九年（昭和三十四年）小林モータース創業

して生まれた俺のコンプレックスの源があった。

中学を卒業後、マッちゃんはさっさと手に職をつけて社会に出る道を選び、俺は豊田工業高校への進学を選んだ。自動車科を選んだのは、自動車整備士の資格を取るため。いずれは家業を継がなきゃならないお家の事情というやつだ。工業学校を出るとほとんどの卒業生がトヨタ自動車をはじめとするトヨタグループに就職する。ところが俺が就職したのはいわゆる町工場だった。自動車整備士としてトヨタのディーラーに入る人間はいたけど、町工場に入るやつなんか俺以外ひとりもいなかった。

就職先でトヨタグループに行けば、もうほとんど勝ち組のレールに乗ったのと同じだ。四十年以上も前からすでに週休二日制だった。整備工場だと週に一日しか休めない。花金《ハナキン》などといって同世代の連中が青春を謳歌してる間も、こっちはそれを横目で見ながら油にまみれて働いている。同期の連中と話していても休みの話題になるとたんに惨めな気持ちになる。

同じ学校出ても、どの仕事に就くかによって天と地、ものすごい差がある。そんなわけで職業コンプレックスってやつが俺の心を苛《さいな》んでた。休みは少ないぶん給料が高ければいい。だが、その給料も安い。トヨタ自動車と比べたら、今でも自動車整備業界の平均年収は半分くらいだ。いわゆる5K（きつい、汚い、危険、給料安い、休日少）ってやつ。近頃は、帰れない、結婚できない……が加わって6Kとか7Kなんていうのもあるらしい。

自分の仕事に誇りがもてない。どこかに引け目だとか恥ずかしさみたいなものがつきまとっていた。俺はそれをなんとか吹っ切りたかった。だから親父の会社を任されてからは、トヨタディーラーの中で一番成功してる愛知トヨタって会社、そこを超えようと思って無理やりやった。そうして休日と初任給は愛知県で一番にした。自動車整備士になるなら、コバックが一番初任給が高くて休みが多い。愛知県で一番になるまでは人財集めでいつも頭を悩ませていたが、それ以降は人で困ることはなくなった。やっぱり働く側にとってそこはいちばん大事なところだから。実際に全国の整備工場と関わることになっても、トヨタ自動車のお膝元だということがあったので、俺はそこらへんのことは特に真剣に考えた。

豊田市は元々「挙母市《ころも》」という地名の人口一万五千人の小さなムラだ。当時の挙母町は養蚕・製糸業が盛んな土地だった。が、昭和になってから徐々に陰りが見えはじめ当時の町長が、豊田自動織機製作所が新設した自動車製造部の工場を誘致に成功して、一九三八年、トヨタの挙母工場が完成。そこから大きく発展して一九五九年、挙母町は市名を「豊田市」に変更した。そのトヨタ自動車の影響で国内、国外から人が集まり四十二万都市になった。

そんなわけで豊田では、トヨタ以外のクルマに乗ってるヤツは変わり者、みたいな目で見られる。そんな町で俺は生まれ育った。

■ディーラー車検には負けられない

携わるのがクルマであるという点ではトヨタ自動車と共通しているが、自動車メーカーが作ったクルマの故障を修理したり、維持や保守点検をするのが俺たちの仕事だ。自動車メーカーも当然作ったあとのことも考えているとは思うが、そこに対するモチベーションっていうのは実のところ感じられない。役割が違うからだ。だから、ディーラーの車検はメーカー管轄でなくディーラー経営者に任せっぱなし。

ぶっちゃけ、メーカーは自分たちが作ったクルマが売れるのが一番。メンテナンスで長持ちして車が売れなくなるのは困るだろう。だから優秀な車検を受けるよりも新車に買い替えてほしい、というのが本音だと思った。もちろん、そんなことは口が裂けても言わないだろうけど、こっちとしてはそのほうが勝算が高いのである意味ありがたい。

　一方、ディーラーの経営者っていうのは売る方のプロだが自動車整備士としての経験がなくても、新車の販売権さえもっていれば経営できる。自動車整備素人でも車検を売ることができるのだ。今はもうなくなってしまったが、かつてはトヨタ店、トヨペット店、トヨタカローラ店、ネッツ店といった販売チャンネルというものがあった。当時はクラウンを買うんだったら、〇〇トヨタでしか買えないという独占販売だったから、その販売権を持ってさえいれば一〇〇パーセント売れる。企業努力をしなくても売れる構図だ。

　で、いったんクルマが売れたら定期的に車検が来るので、お客さんも来てくれる。要するに整備の技術の良し悪しに関係なく、クルマが売れれば、その後の車検も整備も全て入ってくるという実に羨ましい構図が成り立っている。今まで車検をしたこともこれからすることもない作業内容を判ってない経営者がやってる車検に、技術一筋でやって来た町工場の車検が負けたるわけにはいかん。言葉は悪いが単なる法律をクリアした普通の車検であれば絶対に勝てると思った。いや生涯かけてでも勝たねばならないと思った。どうやったら勝てるか具体的にはわからんけど、とにかく勝ちたいという願望があった。

そこで勝負に出た。それが一九八七年にやった「小林モータース」から「車検センター新豊田」への転身だ。「NEW TOYOTA」という看板も掲げた。別にロゴをパクったわけじゃないが、元からそういう書体があったのを使ったらたまたま本家のTOYOTAに似ていたという話で悪意はなかった。豊田市でやるんだ問題ないだろう程度。ちょうど新豊田駅っていうのができたこともあり、歯切れの良い発音だったし時代的にもつけてみた。

昭和ならではの大らかさというのもあったのだろう、ニュートヨタと名乗ってもどこからも文句はつけられなかった。ちょうどその頃、世間ではなんでも頭に「ニュー」をつけるのが流行ってた。「焼肉ニュートヨタ」とか「BARBERニュートヨタ」とか。だからこれからは「クルマはトヨタ」、「車検はニュートヨタ」で!というメッセージを込めたつもりだった。

ディーラーよりも良い品質、良いサービス、魅力あるプライス、この中身で勝負をしようと。それこそディーラー権はなくても、車検のスペシャリストとしてクオリティの高いサービスを提供すれば勝てる。細かい戦略は走りながら考えるとして、若気の至りで既存のディーラー車検のシステムより満足感の高い車検サービスをやろうと思った。あの思いは、やっぱりこの日本の自動車産業のフロンティアともいえる豊田市という土壌があったからだと思う。トヨタのクルマしか走ってないってところで「ニュートヨタ」の看板を掲げるということは、専用整備工場みたいなイメージをもたれる。とは言え、さすがにそのまま全国展開、というわけにはいかないだろうとは思ったが。いま思えば、けっこう危険な橋を渡る賭けだった。しかし俺には俺の、そんな賭けに出るしかない事情があった。それまでの三年間、二十歳から二十三歳まではもう泣かず飛ばずのどん詰まり状態だった。何やっても車検の注文が入らなかったのだ。

一九八七年（昭和六十二年）
車検センター新豊田オープン

■弱冠20歳で専務に就任

十八歳で高校卒業となったとき、俺の前には二つの道があった。

そのまま親父の会社に入るか、いったん他所の整備工場に就職するか。

一応、工業高校の自動車科は出てはいるとはいえ、実際の仕事となったら右も左もわからない素人みたいなもんだ。自分の会社の従業員に頭を下げて一から教えて下さいというのにはやっぱり抵抗があった。

当時は自宅が会社の二階だったので当然、全社員俺が幼い頃から知ってる人だし、彼らも社長の息子相手だとやりにくいだろうし、俺だって特別扱いされるのは嫌だった。

だったら、いったんよその会社に入ってそこで修行して、ある程度できるようになってから入社したほうがお互いやりやすい。

俺自身も、自立心というのか、やっぱり親の監視の目から離れて自分で稼いで、ひとりで生活してみたいという気持ちがあったのも事実だ。そんなわけで俺は親父のつてで刈谷市にある総社員八十名ほどの大きな整備工場の会社に入り、二年間、現場に立った。

そのときの俺に日本一の車検屋になってやろうなんて大それた考えはみじんもない。自分は一生クルマの下に潜って修理しておれば、とりあえず食いっぱぐれることはないだろう、くらいのことを漠然と考えながら生きていた。そしてそこでの二年間の修行を終えて家に戻ったら、俺は「専務」になっていた。専務といっても従業員数五名の零細企業。しかもまだ二十歳。

誰がどう考えても親の七光でしかない。

世間知らずもいいとこの俺は、言われるままに専務が何か知らずに「あ、専務なのね」とお気楽なもの。専務の肩書が入った名刺を恥ずかしげもなく堂々と人前で出す。親父はこいつが跡取りだと、社員や取引先に認識させるためにそんな肩書にしたのだろうが、当時は専務と言うたびに陰で笑われてたと思うし、面と向かって「何にもせんむ」とからかわれたりもした。社内的にもそれまで専務なんて役職もなかったし、当時の従業員からすれば「なんだそれ」みたいな感じだったと思う。

俺が入社と同時に専務になると親父が意外なことを言い出した。フロントをやれと。フロントって言ってもクルマの前方、フロント部分じゃない。要するに、営業だ。要は、車検の受注を増やせということだ。親父が俺を専務にしたのはその布石だったのだ。俺はその場で頭を抱えた。クルマの整備についてはソコソコ腕を上げて馬鹿にされるようなことはなかった。それなりの整備実務知識もつけたつもりだったが、生まれてはじめての営業という言葉。今まで生きてきて頭の隅にチラッとでも浮かんだことはなかったからだ。未経験だからやり方は全くわからない。

何となく最初のうちは知り合いや友だちから当たっていった。顔なじみの散髪屋とか洋服屋、飲食店、片っ端から車検お願いしますって声をかけて回った。が、誰一人相手にしてくれなかった。お金を払うときは愛想が良かった人も急に愛想が悪くなって真剣な表情になった。そんなツテもすぐに尽きて、しょうがないから学校の卒業アルバム引っ張り出してきて、後ろのほうに載ってる名簿見ながら自宅に電話をかけてみた。なかなか電話は繋がらない。だいたい親が出て本人と話せなかった。つながったとしても「じゃあ、お願いするわ」とはならない。そのうち顔すらよく覚えてない、今まで話もしたこともないようなヤツにまで電話をかけるようになる。もちろんうまくいかない。そうやって電話をかければかけるほど、友だちを失っていった。

タコが自分の脚を食うようなもんだ。とは言え、仕事を増やさなきゃいけない。これが二代目の役割なんだって自分で奮い立たせようと思うけど、どうあがいてもモチベーションが上がらない。

街の商店とかそういったところで知り合いがなくなると、こんどは飛び込み営業。個人宅はほとんど会話もさせてもらえない。法人はとりあえず名刺は受け取ってくれるけど、その場でお願いしますなんてことは絶対にあり得ない。逆に営業行ったことが同業者にバレると、俺の客のとこにお前ノコノコ入ってきて何やってるんだということになる。俺の縄張りに足踏み入れるな、みたいなね。そういう感情は大なり小なりある。でも、そういうルール、不文律も知らないし、わかんない。競争がない既得権益が幅をきかせる特殊な分野だから。車検代、いくらかかるか値段もわからない。それじゃ他店で受けても一緒でしょうと。だったら、今のところを断って小林モータースでやる方がリスクがあるから、そんな判断にはならない。

そこにちゃんとした営業ノウハウってものがあったとしたら、結果も少しは変わってたかもしれない。しかし未経験のズブの素人が誰にも相談できずに体当たりするしかノウハウがなかったのだ。

■心が折れまくった飛び込み営業

どうしたら車検契約に繋がるかといったら、あとは俺という人間を売るしかない。言うなれば、ひとり人海戦術。毎日その会社に行って手伝いをしたり雑用したりして、気に入ってもらえたらじゃあ試しに一台ぐらい出してやろうかっていうような世界。

車検は二年に一回の商品だ。たとえオッケーの返事をもらったとしても車検を受けたばかりだと二年後。車検を受けて二年経って新車に乗り換えたら五年後。普通、そんな先のことなんか誰も考えてない。だからそう簡単にオッケーとは答えられないし、答えない。その場で「じゃあ予約します」なんていうことはまずないし、そもそもその車検にいくら費用がかかるかもわからないから、具体的な話ができない。結局、「やってみないとわかりません」という商品だった。

そもそも車検ほど商品として売りにくいものはそうそうない。クルマや家電などの工業製品やなんかとは違って、手で触ったり使ってみたりして、自分の目で確かめることができないからだ。だから、いくらうちの車検の特性や優位性を説明しても伝わりにくい。しかも実際やってみないとわからないので、価格が不透明と言われたらそれまでだ。

値段はわからんけど、とにかく買ってよと言われても返事のしようがない。売れないことが前提で必死こいてやってた。それでも売らなきゃならない、となると個別でやっていくしかない。飛び込み営業というやつだ。企業はもちろん、個人の家を一軒ずつ回ってピンポン押して。下手な鉄砲も数打ちゃ当たると言うけど、当たらないもんだ。

一件でも成功すれば少しは励みになるんだろうけど連戦連敗。

断られるたびに惨めさが募り、ボディブローのように溜まっていく。

「ピンポーン」

玄関のチャイムを鳴らす。ドアが開く。

「小林モータースと申します。車検のご案内で……」

そんな言葉を発すると同時に相手の表情が曇る。ホトケ様のような人でも
「まあ、よく来たね。上がってお茶でも飲みなさい」

とは決してならない。露骨に迷惑そうな顔でシッシッと野良犬でも追っ払うかのような態度を取られると、本当にへこむ。おまえとは会話する価値もない人間だと言われたような気がする。まだこっちがしゃべっているのに、その目の前でドアを閉められるときの屈辱感。

かつてシベリアかどこかで、スコップで穴を掘ってはまた埋めるを延々繰り返させる拷問があったというけど、俺がやってたことはそれと同じだった。いや、もっとひどかったかもしれん。穴掘りだけならまだしも、蔑《さげす》むような視線や言葉にも耐えなきゃいけないわけだから。これにはほんとうに何度も心が折れそうになった、というか折れた。一軒断られてはまた一軒、ドアをノックすればするほど、精神的に病んでくる。世間の風は冷たいと思うかもしれないが、そうじゃない。今思えば、俺がやってたことがひと言でいえば迷惑行為だったということだ。

こっちは売りたい一心でなんとか勇気を振り絞ってインターホンのボタンを押すわけだが、相手にしてみれば単なるジャマ者だ。

そういった体験を重ねていくうちに車検っていうものは、そもそも世間からは歓迎されない厄介ものなんだというふうに思うようになっていった。
自分で自分にそんなイメージを植え付けてしまった。
つまり俺は自分自身をマイナスへと洗脳してしまったわけだ。

■起死回生の水着写真付きチラシ

俺が入社した当時の小林モータースは年商九千万ぐらい。五人いた従業員はみんな丁稚奉公みたいな愛知県最低賃金の安月給。直接、社長の親父には言いにくいんだろう、不満がぜんぶ「専務」の俺に来る。給料上げたくても原資がないんでどうしようもない。

いちおう俺も二十二歳で小林モータースを運営できる技術力もついていたしそんなに文句があるなら、全員辞めてもらって俺一人でやろうか……なんて、一時期は考えたこともあった。半分、ヤケになって思い悩んでいた。けど、思いとどまった。それをやったら俺の負けになるなと思ったから。つまり後継ぎとして失敗したことになる。一時的にはそれですっきりするかもしれないけど、いよいよ人生終わるという時に、結局、自分はなにも残せなかったという虚しい気持ちになるだろうなという感覚はあって、そこには行きたくないなと思った。

とはいえ具体的にどうすればいいかわからない。とにかく仕事を増やさないと社員の給料は払えないし自分だってもらえない。このままいったらどうなっちゃうんかなってね。お先真っ暗。気持ちがどんどん沈んでいく。完全なネガティブモード。この悪循環。やってもやっても気分は落ち込む一方で、眠れない夜が続く。酒を飲んでその日の憂さを忘れたとしても、次の朝目が覚めたら状況はなにも変わってない。ダメなときはなにをやってもダメで、鳴かず飛ばずの二年が過ぎたある日、ふとひらめいた。俺ひとりがチマチマ営業かけてもたかが知れている。要は「ここに小林モータースあり」と世間に名乗りをあげることだと。小林モータースの存在を知らない限り、誰もわざわざうちの会社に車検を出そうとは思わないだろうと。そうだ。宣伝しよう。予算的にもテレビＣＭなんか論外だから、チラシを撒けばいい。で、親父に相談したらソッコーで却下された。議論と言えば聞こえがいいが、バトルのような言い合いになった。そんなことをしたら、同業者から反発を買うのはもう分かりきっていた。そういうのがあって、親父との確執っていうのがずっとそれから続くわけだが、そのときは俺も相当アタマに来てたから、チラシやらせてくれないんだったら、もう最後にはこの仕事辞めると脅すところまでいった。で、けっきょく妥協案として「自動ライン導入五周年特別キャンペーン」という名目でチラシ作戦はスタートした。

というわけで、俺は折り込みチラシの相談をするために、とある広告代理店に行った。そうしたら、実はうちと契約している某有名タレントがいるので、その娘を起用すれば注目度アップ間違いなし。聞けば、かつて一世を風靡しとった黄色いサクランボのゴールデンハーフ。キャンディーズに匹敵するくらいのアイドルグループのメンバーのひとりだった。はじめての知名度抜群の有名人の起用。豊田市の自動車整備工場では初の快挙？！これで起死回生と思ったが、それが地獄の底へ蹴落とされるきっかけになろうとは、そのときは知る由もなかった。

チラシさえ撒けば、この眠れぬ夜からも解放されて、次々と車検が舞い込むと思い込んでいた俺は、何枚刷っても紙代の違いだけで、値段はガンガン下がるというので、どうせならと一年分、三十万枚のチラシをオーダーした。

二〇メートルの紙の束となって消えた「栄光のチラシ」

■床に積まれたチラシの山

俺としては、初の社内改革の取り組みだ。チラシを折り込んだ新聞が配られる前日は、興奮して眠れなかった。電話がジャンジャン鳴って、店頭に客が押し寄せてくる様子がもう見えてくるようで、明日は昼メシどころか小便に行く暇もないんじゃないかなんて、期待に胸を膨らませたわけだ。

けど、不安もあった。同業者からの反発だ。プラカードもったデモ隊が押し寄せて来るとか、仕事を横取りされて怒り狂った暴徒に工場の窓割られるんじゃないか、とか、外のノボリ旗ぜんぶ折られるんじゃないかとか、営業車ボコボコにされるんじゃないかとか、頭の中にいろんな妄想が次々に浮かんでは消えていく。

が、けっきょく最初から最後まで、俺が心配したようなことはおろか、波風ひとつ立たず、まるで何事もなかったように時は過ぎていった。

同業者の反発もなければ肝心のお客様からの問い合わせがなかったのだ。契約件数どころか問合わせ件数まで見事にゼロ。あまりの反響のなさに、ほんとにチラシを配ったのかと、正午の時点で居ても立ってても居られなくなり確認の電話を入れたくらいである。

その直後、折り込みで残ったチラシの量を見て腰を抜かした。床に段ボールを敷いて、工場の隅に山積みした。もし、縦に積み上げたら高さ二十メートルにもなる分量だ。マンションなら七階建になる莫大なチラシの束。ひとつ十キロくらいありそうな紙の束を一つ一〇〇〇枚の束を三〇〇束積み上げて、その上から毛布をかけた。

当然、従業員たちの目に入る。二十二歳の「専務」が親父の反対を押し切って作った、一円も生み出してないチラシの山を見て彼らがなにを思ったか、想像もしたくなかった。普通の失敗なら一回くらいやらかしても、人の噂も七十五日。いずれ忘れ去られるんだろうけど、俺の失敗はいつまでも形としてそこに残り続ける。薄汚れた毛布にくるまれた失敗のモニュメントが、毎日いやでも目に入ってくる。

針のムシロとはまさにこのことだと思った。従業員にしてみたら、そんなワケのわからんもん作る金あるなら給料上げろって話になる。専務はどう責任取るんだ、みたいなことになってしまった。仕事終わって工場のシャッター閉めたら、そこからビラ配りだ。もう自分で配るしかない。夜中まで延々やった。自分でやればポスティング料金はかからないから文句は言わせない。それで問い合わせのひとつでも入ればいいけど、それでも電話一本かかってこない。

工場に行けば、永遠に配り終えられないチラシの山がある。地獄の訓練に採用されてもいいような責め苦だ。これからの人生、このチラシを全部配りきるなんていうのはバカバカしいと思うし、時間と労力の無駄だけではすまない。夜中にウロウロしてれば不審者とか泥棒に間違えられたり、犬に吠えられたりと、危険な目にも遭う。

いくら努力しても実らないものは実らない、ということを身をもって経験したが、あの苦しさがあったからこそ今がある、というような気もする。

もちろん、あのまま野垂れ死にでもしてたらそんなことは言えないけど。まさに万事休すの状態に陥った。

■神様はお客様です

わが小林モータースはいよいよ打つ手がなくなりにっちもさっちも行かなくなった。そんな俺が最後の最後に行き着いたのは、神頼みだった。神様にお願いすれば車検が増えるかもしれない。それまで一切信じてなかった神様を生まれて初めて信じようと思った。

父が設置した会社の神棚が目に入った。榊の水を替えて祈ってみた。

「神様、車検をください…」

近所の神社に行ったり、お地蔵さん、お稲荷さん……思い付きで、色んなところで手を合わせはじめた。そうやって三ヶ月たった。けど、何も変わらない。それで急にバカバカしくなった。神を信じればなんとかなるなんて誰が言ったんだと。そんなの全くでまかせじゃないかと腹が立った。

叫ぼうかと思った瞬間、ふとなにか頭の上からイメージが降りてきた。悟りを開いたと言ってもいいかもしれない。

「車検をください」じゃなくて「教えて下さい」だった。

もうこの仕事から離れようという気持ちも当然あった。この仕事に自分が向いていないのか、それともこの車検業界自体がそもそも衰退産業でもう発展性がないのかもしれないなんていう風に思い始めていた。

でもまだ二十二歳だ。諦めるのはまだ早いだろう……。事務所の神棚に一心不乱で手を合わせている時だった。なぜか「神様に教えて下さい」っていう気持ちになって、その瞬間、なんだか目の前のモヤモヤが消え、心がスッキリと晴れたような気がした。どんなことでも受け入れるから何でも教えて下さいと。今までは自分で「こうやったらいけるんじゃないか」ってことをひたすらやってきた。考えられることはやり尽くした。けど、それでは結果が出ない。そのことだけは痛いほど思い知らされた。

だから、教えてほしいってなった。心の底から。耳を澄ませば、神様、教えてくれるかなって、本当、そういう気になった。だけど、シーンとして、なんにも聞こえてこない。神様は黙ったままだった。神様がダメとなったら、もう残ってるのは生身の人間しかない。四の五の言わず、もう素直に色々な人に聞くしかないんだ、ということに気づいた。その時のことはいまでも覚えてるけど、マンガやアニメなんかだと俺の頭の後ろで稲光が走るみたいなシーンになるんだろうけど、そういう感じでもなかった。

で、例のチラシ片手にいろんな人のもとを訊ねて回った。

「次の車検どうしたら小林モータースで受けてもいいと思いますか？」

いま振り返ってみると、その行動がすべてだった。お客さんというのは本音になると面白いほど、ホントに好き勝手言う。要は、自分が得をして、こっち（会社）が損するようなことしか言わない。こっちは慈善事業でやってるわけじゃない。儲けたくてやってるわけだから、お客さんの言うことばかり聞いてたらアッという間に潰れる。聞いてると耳は痛いし、胸も苦しくなる。

それでも俺は聞くしかないと思ってるんで、ひたすら耳を傾ける。すると確かにごもっとも、と思わされることもたくさんある。

例えば、車検の前に値段がわからないと出せないという指摘だ。お客さんの立場から考えれば、「そりゃそうだよな」と思う。

だが、今まではそれを「いやいやいや、お客さん。車検っていうのは実際やってみないといくら費用がかかるかわからないんですよ」っていうふうに、「業界の常識」をお客さんに押し付けていた。

そうなれば当然、お客さんは「それじゃあ、あんたのとこには出せませんよ」となる。見知らぬ寿司屋に入って何か頼もうと思って、メニュー見たら「時価」って書いてあったら怖くて誰も注文できない。それと同じだ。

事前にはっきりと金額がわかって、トヨタのディーラーと比べて、明らかにオタクの方が良かったら当然出しますよという、考えれば当たり前の答えが返ってくる。

■乗り越えなければならない壁

お客さんの意見を聞けば聞くほど、耳が痛かった。ハートも壊れかけた。

でも、お客さんの言うことを聴けば

「ひょっとするとイケるんじゃないか」

という気持ちにどんどん傾いていった。だがその一方で

「これだけの要求、ぜんぶ飲んだら潰れるな」

とも思った。むちゃくちゃになるなと。けど、可能性はゼロではない。ひとつ方法がある。それはシンプルに、車検台数を増やすこと。今のままではできないことでも、ある一定の規模まで受注件数が増えれば成り立つ。俺もいちおう小学校までは真面目にやってたから、簡単な算数くらいはできる。

例えば、車検一台あたり一万円値引きした場合、何台増えればそのマイナ

ス分が埋まって利益が出るか、計算してみた。

すると決して不可能な数字じゃないことがわかった。俺は最後の賭けに出ようと思った。単に「値引きします」だけじゃお客さんは寄ってこない。町の自動車整備工場というのは、どうしてもガソリンや油の臭いとか、暗くて薄汚れた作業場とか、ツナギ姿の気難しそうなオッサンがウロウロしてるといったイメージがあって、特に女性がひとりで入る場所としてはなかなかハードルが高いという声が多かった。

だからやっぱり入りやすさというのは必ずクリアしなきゃならない問題だ。要するにディーラーと同じような感覚、イメージをもってもらうことが肝心なのだ。となると、事務所も刷新しなくちゃならない。

今ふうに言うと「スクラップアンドビルド」だ。老朽化はあっても、立派に仕事ができている事務所を廃棄し、全く新しいものに建て替える。事務所を建て替えるとなると当然、まとまったカネがかかる。親父としては、ここまで苦労してやってきてるわけなんで、今さらまた借金をしてまだ使える店を新しくするなんていうのは、カッコつけとか、道楽にしか見えないって話だ。というわけで意見が全くかみ合わない。親父から見れば、営業ですごい成績を上げたわけでもなく、なんの実績もないただの若造なのだから仕方がなかったのかもしれない。

だけど俺はもう最後の勝負に賭けるつもりだった。背水の陣というやつ。そしてこの賭けには勝てるという自信があった。その根拠はお客さんの口から直接聞いた生の声である。こうすれば車検をあんたのところに出すと言ってくれてるんだから、もうやるしかない。やらずに終わるわけにはいかないから、やる。
そして建物の問題。これだけはたとえ小さくてもいいから、小綺麗で明るくて誰でも入りやすい店舗でないとダメだと。若い女の子がトヨタで新車を買って、車検が来たから、小林モータースでちょっと相談しようかなと気軽に入ってくれる形を作らないと意味がない。
そんな話をしながら親父とやり合った末、どうにか親父の許しを取り付けることに成功した。それにだいたい二、三ヶ月はかかったと思う。俺ののっぴきならない覚悟を読み取って最後は折れてくれたっていうことだ。そのときは頭の固い昔気質の頑固おやじにしか見えなかったが、あれがもし、息子が言うことなら
「いいよ、いいよ」

となんでも許してくれる、物わかりのいい親父だったら、いまの成功はなかったと思う。親父という大きな壁が立ちはだかっていたからこそ、俺もそれなりに腹をくくり、どんなことがあっても絶対に後ろには引けないという覚悟を決めることができたからだ。

そしてもうひとつ、俺の背中を押したものがあったとするとあのチラシ事件だ。もし、あのときチラシをバカみたいに刷って恥かいてなかったら今の俺はないと思う。しかも、中途半端に注文が入って、二十万でも三十万でも売り上げにつながっていたら俺はバカ息子のままだったかもしれない。そこそこやって、そこそこ成果出せてれば、「ああ、こんなもんか」ってタカをくくるだけだからだ。結果が出なかったら、もう謙虚にならざるを得ない。謙虚になればなるほど、色々な人の声が集まるようになる。

だから、チャレンジをしてうまくいかないのは、ものすごく尊いことだというふうに思えてきた。

もし、いま俺が過去に戻って昔の俺にアドバイスするとしたら、失敗するなら、完膚《かんぷ》なきまでに失敗しろ。もう立ち直れないくらいに失敗しろと言うだろう。そこでネガティブに、自分には才能がないなとか、もうこれで終わりにしとこうってなっちゃうと、学びは得られない。

だけど上手くいかない時に、

「じゃあどうやれば上手くいくんだろう」

って解決への扉を見つけて、それを開けようとすれば、いつか答えは見つかるというのが、俺の経験則。

■お客さんファースト

「車検センター新豊田」の目標は年間車検台数三〇〇〇台の地域一番店。白いタイルに店内がよく見える大きな窓。知らない人が見たら、ショールームかと間違えそうなゴージャスな新店舗が完成した。向かいのガソリンスタンド社長から、こんな場所に自動車修理屋が立派な店舗を建てて気でも狂ったか、と言われたのを覚えている。

外観だけじゃない。大きく変えたものの一つに代車システムがある。こっちが車検をやってる間、不便がないようにお客さんに貸し出す代車というのは、廃車寸前のポンコツ車と相場が決まっていた。それが町工場業界の常識だったのだ。

とにかく走れば文句ないだろうと……。ガソリンも赤い警告ランプがつかない程度くらいしか入れてないんで、慣れてないお客さんがそのまま気づかず途中でガス欠したりするなんてこともあったりした。それをうちはガソリンを満タンにした新車を代車として出してみた。あきらかな違いだ。

ボロ車に慣れてるお客さんは、その代車を見て

「え、これ乗っていいですか」

ってみんな目を丸くする。ポンコツの代車なら乗るほうも、ぞんざいに扱うかもしれないけど、中にはわざわざ洗車して返してくれるお客さんも出てきた。

それだけこのサービスに満足してくれている証拠だった。価格、整備の内容、付加サービスと、車検の短縮化といった大きなことはもちろん、お客さんからのどんな小さなクレームや要望も、次からは言われないようにするこ

とを心がけた。

それまでの業界の常識が、「顧客満足」という言葉からかけ離れていたこともあって、お客さんがこうして欲しいと思っているであろうことを、やればやるほど喜んでもらえる。

それはこっちとしてもやりがいがあるし、嬉しいものだ。

■挫折をバネに

——どうして年間一〇〇万人超のお客さんが利用するまで成長できたのか。その一番の理由はなんだと思いますか？

そんな質問には

「そうしようと思ったから」

と答える。相手はキョトンとする。内心「こいつ舐めとんのか」と思ったかもしれない。

けど、それは俺の本心からの答えなのだ。ただひと言加えると、その「そうしようと思った」という時の「思った」度合が、たぶん普通とは全然違う。心のいちばん奥底の、そのまた奥にある感情から出た言葉なのだ。

大なり小なり人に喜んでもらいたいという感情は誰でも持っているだろう。

俺の場合は、それが人一倍強い。異常と言ってもいいかもしれないくらい強い。それは、裏を返せば、お客さんが顔では笑っていても心の中では不満だったり、もう二度と来ないと思っていたりしたらどうしようという不安がいつも渦巻いているということ。

そんな恐怖心と常に戦っていると言ってもいい。その感情の根源には小学校のときに受けた、ひとつのトラウマがあるんだと思う。

小学生のとある日、いつものように登校して教室に入っていったら、誰も俺としゃべってくれなかった。俺が目の前にいて話しかけても、みんな知らん顔で、昨日まで普通に会話していた友だちが無視をし続ける。

俺はまるで自分が幽霊か透明人間になったような気分だった。ふだん大人しい子たちも、みんなに目をつけられたくないから従う。いったい自分のなにが気に食わないのか必死で考えたがわからない。居場所を失った俺にとって、その日以来、学校が地獄になった。愛の反対は憎しみではなく無関心だという。けど、無視は無関心よりもっと悲しい。これが一生続いたら、自分にはもう生きてる意味も価値もないな、とまで思い詰めた。

けど親には自分がいじめに遭っていることなど知られたくない。懸命にいつもの自分を演じ、平静を装いながら接していた。特におふくろは気の強い真っ直ぐな人間だったので、もし、学校にねじ込みにでもいったらさらに大変なことになるという思いがあったからだ。

後から考えれば小学校が「一生」なんか続くわけがないのに、その時の俺は目の前の世界がすべてだからそう考える。とは言えいままでも俺はあのときが、自分の人生最大の苦難だと断言できるくらいその傷は深い。

けっきょく俺に対する「無視」は三ヶ月ほどで解消されて元にもどった。地獄から天国に変わった瞬間だった。無視されている間、まわりを見計らって秘密で話しかけてくれるクラスメイトがいた。普段は大人しくて目立たない彼らが、ほんとに天使のように見えた。ひと言、ふた言のやり取りに、俺がどれだけ救われたか。あのとき、俺は自分もこんな天使のような生き方をしたいと幼心に誓った。理屈抜きにそう思った。いくらカネがあっても、人から見向きもされなされなくなったら、絶対、面白くない。

人生の優先順位はカネよりもヒトだっていうのは、そんな究極の体験があったからなんだと思う。だから人を大切にする。大切にしたいと思っている。あのときの経験が、その後の挫折をバネにすることができるようになったかもしれない。俺にとって人に喜んでもらえるということは、より良い商品、サービスを提供するということ。そうすればお客さんは喜んで買ってくれる。が、そうじゃなかったら買ってくれない。これ、すごく単純なこと。売り上げというのは客数掛ける客単価。どっちが減ってもいけない。だから、お客さんに喜んでもらえればお客さんも増えるし、喜ばれる商品やサービスを提供すれば客単価も上がる。繁盛店には人が集まる。そうすれば売り上げが上がって儲かるというところに目が行きがちだが、俺の喜びは人が集まってくれるというところ。人が集って商品やサービスを買ってくれればお金も集まることになる。お金を集めるんじゃなくて、人を集めて喜んでもらう。そうすればお金は後からついてくる。だから車検の注文の電話が鳴ると、いまでも胸が高鳴るぐらい嬉しい。人と繋がれているという実感を得られるからだ。

■トランペットとテレビチャンネル

小学校のとき、三つ上の姉がトランペットを吹き出した。それを見様見真似でやってるうちに俺もこの楽器が吹けるようになった。俺の小学校では、鼓笛隊でトランペットを吹くのがひとつのステータスみたいな所があって前々からやってみたかった。

鼓笛隊を編成するとき、先生の前でちょっと吹いてみせたら

「おまえ、うまいな」

と、一発でトランペッターに選抜された。中学校でも一年のうちから抜擢されて、体育祭でもファンファーレを吹いた。上級生を差し置いて、一番いいポジションについた。そのとき、漠然とだが、どんなことでもできないよりは「できる」ほうがいいもんだなと思った。

豊田市では毎年、十月の半ば二日間にわたって挙母祭りというお祭りが開かれるのだが、そのときもこんなことがあった。挙母祭りは江戸時代から続いていて、高さ六メートルくらいある八両の大きな山車が町内や挙母神社の中を練り歩く、三河でも有数のお祭りだ。山車は東町、本町、中町、神明町というように別れていて、それぞれが各地域の名誉を担っているので、町同士のライバル意識はすごい。小学校五年くらいから俺は竹生《たきょう》町の山車にお囃子のひとりとして乗りはじめた。祭り囃子というと、どこも鉦《かね》や太鼓、笛と相場が決まっていたが、わが竹生《たきょう》町の山車だけはひと味違っていた。

筆者　二列目の左から二人目

ある日、祭り囃子の練習で行った倉庫の床の隅に埃をかぶった昔の豆腐売りが使うようなラッパが転がっていた。拾い上げて埃を払い、試しに吹いてみたら、ちゃんと鳴った。高くて澄んだ音も出た。その音に周りの大人がびっくりして、おまえそれを山車で吹けと言われた。という訳で祭りの当日、山車の出発する時や勢いよく回旋する時に合わせてラッパを吹いた。そうしたらめちゃめちゃウケた。

それからは俺のあだ名が「ラッパ」になった。俺の記憶では、その当時お囃子にラッパを使ったのはうち（竹生町）だけで、それがけっこうセンセーショナルで注目を集めた。いまではもうラッパはお囃子の定番となり、どこの山車でも当たり前のように吹かれるようになった。拳母祭りでラッパを聴くと胸がジンとする。

これはもしかしたら俺がトランペットをやってたからか？芸は身を助けるというけど、人生、何がきっかけで、何が変わるかわからない。チャンスが回ってきたらとりあえず受け入れて、挑戦してみろ、というのがそのとき学んだ教訓だ。

学校の成績は良くはなかったが、頭の回転自体は悪くないなと自分では思ってた。算数なんかのテストでも、先生から教わったやり方じゃなくて、自分流の解き方を考えてそれで皆の半分くらいのスピードで解くのが面白かった。

なんというかゲーム感覚で物事を見るくせがあった。俺の憧れはエジソン。漠然と発明家になりたいって思ってた。発明ってなんか面白そうだし、かっこいい。小学校中退の、エジソンみたいな人生に憧れていた。算数だけじゃなく、自分なりに、発明とか発見とか、道を見つけるのが多分好きだったんだと思う。

子供の頃、みんながテレビのダイヤル式チャンネルをガチャガチャと指で回していた時代。ゆっくり回すと時間がかかるので早回ししてたら親から壊れると怒られた。ダイアル式でなく、押しボタン式に変えたらいいのになっていつも思ってた。家族にはその話をしたが、テレビはダイヤルで回すもんだから、みたいな感じで俺のアイデアはスルーされた。

しかしその数年後、チャンネルが押しボタン式になった。そのときに思った。世の中の「不便」とか「使い勝手の悪さ」を改善したり改良していくことでメシが食えたらいいなと。あのときのテレビのチャンネルが俺の発想の原点なのかもしれない。

■ロックンロールに人生救われた

俺にとって、ロックンローラーへの道は健全なミュージシャンへの転身だった。もともと、中学三年の時にマッちゃんの「バンドやろうぜ」のひと言からはじまった。マッちゃんが声をかけて、メンバーが集まった。ドラムスがアキで、ギターはイシが参戦。

まずは歌謡曲に分類されていたダウンタウンブギウギバンドだとか、キャロルのやりやすい曲をやり始めた。で、歌謡曲からロックンロールの方にどんどんシフトしていった。マッちゃんとは中学を卒業して以降、それぞれ歩む道は分かれたけど、音楽を通してずっと繋がってた。

十六歳からいろんな大会とかライブハウスに出るようになった。一年くらいの短い間だったけど箱バンもやった。一日に三ステージとか、けっこう本格的。練習はいつも隣町の上原町にあるドラムの山田晃久「アキ」の家だった。由緒ある旧家で、何十も部屋がたくさんあった。その二階の一室を使わせてもらっていた。そこはいわゆる新興住宅地みたいなところじゃなかったから、地場の人しか住んでいない。さらに上原町で著名な山田家だからバンドやバイクの音が鳴り響いても近所からの苦情は一件もなかった。俺の住む陣中は夜勤だ何だで即苦情となったが本当に不思議なくらい、自由な環境だった。当時も今も、有難いと思っている。常にドラムセットとギターアンプ二台、ベースアンプのセットが並んでやりたい放題。楽器店の貸しスタジオだと一時間単位で料金を取られる。当然だ。けどアキの家なら時間無制限でタダやらせてくれた。学生にとって神レベルのオアシスだった。

時間の縛りがないのをいいことに、みんな好き勝手に自分のやりたい曲を弾いたりオリジナル曲を披露したり、テレビから流れてくる歌謡曲やヒットソングをコピーしたり、それぞれ好きなことやって、興が乗ってきたらセッションして……。そんな感じで練習に来るというより音楽で遊んでた。飽きることなく三年間、ほぼ毎週末、メンバーが集まり、メンバーの友達が、中学、高校と述べ一〇〇人以上のたまり場となっていた。

そんな時、ロックンロールブームが訪れた。ロックンロールの沼にはまってゆき、ついには俺はロックンロールで生きていこうと決断をした。髪型をリーゼントにするために、ポマードを三日で一本使うヤツがいるとか聞いたら、三日で一本、三分の一ぐらい使う。高校二年からはずっとロックンロールリーゼントにしてた。ちなみに入学した高校一年は当時のヤンキーのお決まりのパンチパーマだった。就職してからもなるべく髪を長くして、週末になるとポマードバリバリのリーゼントだった。

ある日、名古屋の栄でロックンロール族が踊っていたので、友達のヒデと二人でラジカセ持って踊り始めた。革の上下で、キャロル的なロックンロール。そこに野郎どもがどんどん集まってきて、その当時、栄で最大のロックンロールグループになっちゃった。リーダーは何故か俺だった。チームの名前は「ジュリア」。キャロルのジョニー大倉さんが、キャロルの前に組んでいたバンドの名前からいただいた。

栄に行くと、もう俺の顔知らない人はいないというくらいまでになった。セントラルパークという公園の一角に集まった五十人の男が踊りまくる。壮観だった。

で、バレンタインデー。まさかの十七個。それが俺の人生で一番モテた日になった。

普段は朝から晩まで、油にまみれて働く。そして週末、そこに戻ってもう一人の俺を取り戻す。それが当時の俺の生き方。俺なりのロックンロールな生き方だった。クルマだってビンテージの昔のクルマを真っ赤なボディに白のルーフのツートンカラーでオールディーズっぽいものにして乗ってた。ロックンロールに命を捧げようというくらいの意気込みだ。

それが生き甲斐っていうのが楽しい。一番自分らしくいられた。それでお金が自由になるわけじゃないんだけど、ロックンロールやってることが純粋に楽しかった。オイルとグリスにまみれた地味で陰気な日常だったけど、仲間と踊ってる時だけは違う自分でいられた。

ロックンロールは健全な世界だ。

見た目は賛否両論あるが、ロックンロールを愛し、仲間と踊ったり、演奏したり音楽を楽しむ。警察にお世話になることはない世界へ入ったのだ。

今考えると、俺の人生はロックンロールで救われたといっても過言じゃない。

ロックンロールカーに拘った十八歳

■現場を知らずに経営はできない

俺にとってロックのヒーローが永ちゃんなら、ビジネスのヒーローは日本マクドナルドの創業者の藤田田《ふじたでん》さんだった。二十歳で専務というポジションに立ち経営者としての道を歩み始めた。そこで一冊の本と出合った。ユダヤの商法だ。自分の想像を遥かに超えた言動に大いなる刺激を頂いた。

二十五歳で女房と東京ディズニーランドに行ったとき、ついでに寄った原宿の書店で手にした『マクドナルド──わが豊饒の人材』は藤田田さんの本家であるマクドナルドUSAの伝記だった。これがまた衝撃的だった。

東京から名古屋に帰るツアーバスの中で読み出したら止まらなくなって一気に読んだ。そして、思った。たった十五セントのハンバーガーが世界の食文化を変えた。飲食業界での驚異的な世界をつくった。食べ物と車検。畑はぜんぜん違ってはいても、学ぶべきところはいくつもあった。

例えばマクドナルドのQSC、Q：クオリティー（品質）、S：サービス（サービス）、C：クリンリネス（清潔さ）というやつ。その中のクオリティを例に取ると、元々クルマの整備に対するクオリティっていうのは曖昧なところがある。今もそうだ。実際の作業は整備士、要は職人がすることなので、それぞれの感覚によるところが大きい。

美容院なんかもそうだ。同じヘアスタイルを注文したとしてもその店の基準じゃなくて、担当の美容師の感覚に任せることになる。となれば当然、出来上がりに差が出る。

マクドナルドはどこの店で食べても同じ味が期待できる。車検もそうあるべきだと思った。機械相手であっても整備士によってここは三ミリでいいとか、五ミリは必要だとかそれぞれの感覚というものがある。その違いを均《なら》して統一するために経営者は基準を決める必要があるが、現場を知らないとそれはできない。その点、俺は自分の整備士経験の中に基準があるから、いざとなれば現役の整備士と直接話をして、指導ができる。そこは大きい力になっている。

古本の値段の付け方なんかもそう。本の価値を見極める、目利きが必要だったのをブックオフはばっさり捨てて、アルバイトの店員でも判定できるように本の内容とかレア度は切り捨てて、単なるモノとして見るようにシステム化することで成功した。職人だとか熟練者、一人ひとりの腕や勘、経験に委ねてる業界っていうのは、そうやってシステム化することで大化けする可能性がある。職人の世界は「ひとり」が基本だ。たとえばそのへんで見かける町の飲食店などは一人一店舗が圧倒的だ。美容師、弁護士、税理士、大工、機械工、料理人……その他いろいろ、食べていくだけなら腕一本、ひとりでやっていける。

ところがいま言ったマクドナルドのようなアメリカで生まれたチェーンストアが「経営の近代化」ってやつで個人店では太刀打ちできないような商品やサービスを提供することでお客を集めるようになる。自然と従業員も増えて規模が大きくなり、お客さんも増えていく。

個人店にも優れたところはもちろんある。とは言え、チェーン店のもつ圧倒的な魅力には勝てないテーマがあるのも事実だ。こういうのが大体、巨大資本が地元の個人経営の店を圧迫して……という図式で報道されたりするわけだけど、いい面だってある。

そのひとつが従業員の「働きがい」だ。例えば小さな町工場なんかだったら、同じ作業を何十年続けていても先輩社員が定年退職して席を空けてくれない限り、昇格は望めない。夢も希望もないってやつだ。

ところが多店舗化、チェーン展開していくことでこの職域が広がっていく。要するに仕事やポストの数が増えるのだ。ステージが広がっていけば、それまで経験したことがないような新しい経験ができる。

例えばうちなら全国に店舗があるから、それこそ仕事で給料もらいながら日本一周することができるようになるわけだ。これは一つの例に過ぎないけど、同じ会社にいてもできることの選択肢が確実に増える。

それはつまりより多くの夢がもてるということだと思っている。

■常識から真実は見えない

人前で「夢」という言葉を口にするのをためらう人は多い。大人になればなるほどその傾向が強くなるような気がする。やっぱりどこかに、夢なんか語るのは子どもっぽいとか、青臭いとか、そういうイメージがあるからだと思う。

「おまえ、なに夢みたいなこと言ってるんだよ」とか。

「そんな夢みたいな話あるわけないだろ」とか。

「夢は見てるうちが花だよ」とか。

要するに現実を見ろ。現実はおまえが思ってるほど甘くないぞ、厳しいんだぞと……。いわゆる「ドリームキラー」が口にする言葉だ。俺もそれには何度も押しつぶされそうになった。頭にまだ「現実」とか「可能性」なんていう言葉が入り込んでくる以前の子どもはほんとに無邪気に自分の夢を語る。例えば男の子だったら、昔からプロ野球の選手は不動の一番人気だ。けど、大人のみなさんは知っての通り、そのほとんどが実現されることはなく、それこそ夢で終わる。これは野球選手に限ったことじゃなくて実際のところ多くの夢がそうやってついえていく。

だから夢はあくまで夢であって実現しないものだという認識が常識として定着していくんだと思う。夢なんていうのは叶わなくて当たり前で、そんなこと考えてる暇があったら、現実を見つめて、しっかり地に足をつけて生きろ、みたいな話に落ち着く。俺自身もそんな常識に頭を侵されていて、夢なんか描いてたらいけないもんだって思い込んでいた時期があった。

けど、俺の場合は世間一般では無理と思われていることも、やり方によってうまく突破できるんだっていうことを自分の身をもって経験させてもらった。でっかい風呂敷広げたら、その広さのぶん風当たりも強くなる。だったら逆にその風を利用すればいい。風を自分の原動力にすればいい。帆に風をはらんで波を切って進むヨットとか、あるいは風に乗って空高く舞い上がってく凧みたいにね。

常識は単なる自分の思い込みに過ぎない。自分に「そんなの常識だろ」って言葉が浮かんだら、まずそれを疑わなくちゃならない。常識にばかり従ってたら真実には出合えないからだ。

人は自分が見たいものを見るという。夢を見ている人は、夢の可能性に目を向けようとする。いわゆるリアリストとか現実主義者というのは現実のみを見ているから、たとえ目の前に夢のチャンスがあっても見過ごしてしまいがちだ。見えかけているのに、見てはいけないものとして処理してしまう。みんなもっと夢を語り合い、それぞれの夢を育てていければいいと思う。実現させる方法は夢を見てからでも遅くない。

■夢の先にある夢

自分がこれから先どうなっているか、どうしていきたいか……。

いわゆる自分の将来像が描けていない人は、すごくもったいないことをしていると思う。確かにプロのスポーツ選手になる夢を叶えるためには、努力だけでは超えられない険しい道のりがあるだろうし、現実問題としてその夢を叶えられるのは何千、何万分の一の世界だろう。

そうして現実的なところとして出てくる落ち着く先が「いい会社に入る」になる。いい会社、いわゆる一流企業に入るためにはいい学校に行かなきゃならない。だから勉強を頑張る。努力していい成績を取る。そうやって何年も頑張って、いい会社に入れた。長年の夢が叶ってハッピーエンド。メデタシメデタシ、ってなるんだろうか。

例えばある企業に入りたい。そこまではいい。

じゃあ、そこに入って自分が何をなしとげたいのか――

その答えがないまま、入ろうとしてる人が多いような気がする。有名だとか、上場してるとか、初任給が高いとか、そういう会社に入ってから、いったい何がしたいのか考える。それが大事なんだと思う。

なぜなら夢の先にもまた新たな夢が広がっているから。人生という限られた時間の相当な部分を会社で過ごす選択をするのであれば、どうせやるなら夢をもって仕事ができたほうがいい。

でも、そうできてない人が多いというのが俺の実感だ。みんな具体的にどうこうしたいという夢とか思いとかがあんまりなくて、働くモチベーションが昇進なのだ。

でも、会社組織というのはピラミッド型だから当然、上に行けば行くほどつけるポジションは減っていく。出世競争という名の椅子取りゲームではじかれた人は、もうやる気もなく、夢もなく、残りのサラリーマンライフは満員電車に揺られて家と会社の往復の繰り返し、みたいなことになったら面白くない。また、働くことに夢がもてなくなると、会社以外のことに対しても夢が描けなくなって……という負のスパイラルに陥ることになる。

しかしそういったことも元をたどってくとやっぱり最初にその会社に入るときの自分の未来の姿、目標の描き方に問題があるような気がする。

■チャレンジとは自分を信じること

「いまできてないことを、将来できるわけがない」というのはドリームキラーがよく使う言い回しだ。

でも、そんな言葉に負けちゃいけない。できると考える、思い込むことは夢を見て、それを実現させるための最大の原動力だと思う。いまはスーパースターと呼ばれてる人だって、その昔は一見ふつうのその辺にいるイケてないアンチャンだったりすることは珍しくない、というかそういうパターンがほとんどじゃないだろうか。普通と違っていたのは、誰がなんと言おうと自分は絶対にビッグになる、スターになると信じて疑わない。自分自身に対する信頼があったことだと思う。

やっぱりチャレンジって、自分ができると一〇〇パーセント信じること。

それがほんとに大事。できなかったらどうしようって思いながらやると、できるはずのこともできなくなる。俺はたまたまスーパースターを例に挙げたけど、別に誰もがスーパースターを目指す必要なんか全然なくて、その人がどんな夢を見るかは完全にその人の自由でいい。

世間の価値観なんかに照らし合わせる必要なんかまったくない。

「車検センター新豊田」の発想の原点は「豊田市で一番になりたい」だった。とりあえず豊田で一番になれば潰れることはないだろう、という極めて単純な理屈だ。要は俺のような二代目経営者というのは、スタートを切った先代からバトンを渡される立場にある。

あとは、バトンを持って途中でコケるか、次の世代に渡せるか二つにひとつの勝負なわけだ。

次の走者にバトンを渡せればひとまず俺の役目は果たせるわけだが、どうせなら自分のときにできるだけ前走者との間を詰めておきたい。できればトップに立ったほうが、後のレース展開が楽だろうと考えたのだ。ある意味、きわめて現実的な目標設定だとも言えるけど、それもまた夢といえば夢であり、そう考えたほうが楽しい。

■過去は変えられる

高校卒業して二年間、刈谷市のとある整備工場に就職、住み込みで修行した。それまで一緒に暮らしてた家族とも別れ、地元の友だちとも疎遠になった。刈谷に友だちはひとりもいない。寮でも一番年が近い先輩でも三十五歳だからぜんぜん話が合わない。だから常にひとりぼっち。

仕事以外で人と話をすることもなく、当時は携帯電話、ましてやスマホなんかもなかったから、会話する相手がいない。となると、自分自身と対話するしかない。といっても独り言をブツブツしゃべってたわけではない。

後付けになるが、今思えばセルフ内観を繰り返した。このまま俺が修行中に死んだらどうなるんだろうとか、俺がもし家に帰らなかったらどうなるか、帰ったらどうなるかとか、いろんなことを自問自答し続けた。自分の役割は、親父からバトンを受け取ることであり、それを次に渡さなかったら自分の代でつぶしたことになる。世間でいったら恥さらし、小林モータースの二代目は出来が悪くて会社つぶしたぞとなったら恥ずかしくて町内歩けないなと思った。重圧、プレッシャーだ。

修行時代のある日のこと。ひとりの先輩から先輩のマイカーであるシャコタンの改造車に乗って修理工場に持っていくのに付き合ってくれよと頼まれたので、その助手席に乗ってついていった。

工場に着いて、そこの経営者らしきオッサンにクルマの不具合の説明をしているとき、ふとその先輩が俺のほうを顎で指して言った。

「そういえば、こいつ、小林モータースの長男なんすよ」

「へえ、そうなんだ」

「どうも」

と頭を下げる俺のつま先から頭のてっぺんまで値踏みするように見ると、そのオッサンがボソッと言った。

「小林モータースも終わったな……」

リーゼントに革ジャン。そのときの俺の風貌からすれば、誰でもそう思ったかもしれない。

が、次の瞬間、俺は全身の血が逆流して思わず近くにあったスパナを手に取るとそのオッサンに殴りかかっていった——というのはドラマやマンガだけの話で、その時の俺は「いやあ」とかなんとか曖昧に笑って誤魔化すしかなかった。俺の親父は、若い頃から朝から晩まで身を粉にして働きまくっていまの会社を作った苦労人だ。その息子が何の苦労も知らずにチャラチャラしやがってと思われても仕方ないところは確かにあったかもしれない。でも、面と向かってそう言われたらさすがにグサリとくる。そして、本当に潰れたら終わりだなと思った。

と同時に、何も知らんくせに人を見かけだけで判断しやがって、このクソジジイ……死んでもこのオッサンに「ほら見てみい」と言わせるまいと俺は固く誓った。そのときの言葉は、エンジンのスラッジ（オイルの燃えカス）みたいに、ずっと俺の頭の中にこびりついたまま剥がれようとしなかった。けど、今になって思う。確かにあの時の言葉にはかなり傷ついた。けれども結果的に俺はそれで自分を奮い立たせることができた。あのひと言がバネになったのだ。

だから、こうしていま振り返ってみると、俺の人生の中で厳しい言葉って本当に大切だったんだなと思う。

もし本当にあの時に言われたように会社を潰していたら、あの修理工場での出来事は一生消えない心の汚点になっていただろうと思うし、おそらくあのオッサンを恨んでいただろう。けれど、俺はそうならないように頑張ってなんとか乗り切ってこれた。だから、いまは感謝しかない。

過去に起こった嫌な出来事も、その後の自分の行動次第で良かった出来事、いい思い出に変換できるんだと思う。

そう。過去は変えられるんだ。

■俺を変えた先輩からのひと言

前にも書いた通り、高校を出た後、俺は刈谷市にある自動車整備工場に入社した。修理屋の息子と言っても、クルマの修理なんかしたこともなかった。学校で習いはしたけど、部品ひとつの交換もおぼつかないというのが現状だ。当然、部品の名前からその機能、構造がどうなっているかなど判るはずもなく、説明されても右の耳から左の耳に抜けていくだけで覚えられない。そんな感じで最初の一年はほとんど役立たずの木偶《でく》の坊として過ごした。

俺が住んでいた社員寮は工場のすぐ隣にあって、雨が降ろうが雪が積もろうが、電車やバスの遅れを気にすることなく朝礼が始まる八時三十分の二分前に部屋を出れば十分間に合う、究極の職住接近と言ってもいい環境にあった。時間に余裕をもって出社する必要などないので、ギリギリまで寝て、ギリギリに行く。結果、俺が最後の出勤となる。別に遅刻するわけでもなく時間ぴったりに行ってるのだから、俺としてはぜんぜん悪いことだと思ってない。むしろ、給料が増えるわけでもないのに早くいくのはバカバカしいとまで思っていた。わざわざ早く出勤して来る人の存在すら知る余地もなかった。これが腕利きのベテラン社員だったら誰も文句は言わないのだろうが、俺はいま言ったような半人前の新入りだ。

そんなある日、朝礼が終わった後、ひとりの先輩から工場の隅に連れて行かれ、言われた。

「なんで、一番下っ端のおまえがいつも最後に来てるんだ」

修行中の身なら誰よりも早く出てくるのが礼儀であり筋というものだ。少しは身をわきまえろ。やる気がないんだったら、荷物まとめてもう帰れ、そ

んなことを言われた。そのときの俺はすぐに
「申し訳ございませんでした」

とはならず、うなずくでも首を横に振るでもなく、その場でただ唇を噛み締めるばかりだった。そんなバカバカしい優等生の良い子ちゃんみたいな真似はできるかよ——みたいな反抗心がムラムラと湧いてきた。

あの時はなんだか肩肘張って粋がってたんだと思う。それからひとりになって、冷静に考えてみた。先輩より早く、ということは、新入りの俺が一番早く出社しなければならないということだ。

完全に納得したというわけではなかったが、俺にも意地がある。このままおずおずと豊田に舞い戻るわけにはいかない。毎朝、一番に現れる工場長の出社時間が始業の五十分前であると知った俺は、さらにその十分前の七時

三十分に出ることにした。

朝の一時間はでかい。いつもならまだ眠りこけている時間、誰もいない工場で、眠い目をこすりながらボーッとしていると、そこにやってきた工場長がびっくりしたような顔で俺を見た。早出はしたものの、勝手がわからない俺は、工場長がやること、シャッターを開け、ゴミを片づけ、床にモップ掛けする作業を見様見真似で手伝うことにした。

八時近くになり、次々と出社してくる先輩社員を工場長がそれぞれ挨拶を交わしながら迎え入れていく。俺もそれにならってギクシャクはしていたと思うが、一人ひとりに会釈する。そうやって毎日の朝イチ出社を続けていくうちに、工場の景色が以前とは違って見えることに気づいた。

朝礼ギリギリに出ていた頃、俺の目の前に広がっているのは四十名ほどの背中と後頭部だった。ヘタをすると一日で一度も目を合わすこともなく終わる人もいる。けど、朝一番で行くと、出社してくる全員と一人ひとり目を合わせて挨拶することになる。

俺が自発的に始業準備をしていることもあっただろうが、それ以来、先輩社員の態度が目に見えて変わっていった。ひと言でいうと優しくなった。そして俺のことを評価してくれるようになった。それまでは「勝手に見て覚えろ」みたいな感じだったのが、「おまえ、ようやってくれるから、ちょっとこれを教えてやろう」といった具合だ。最初は要領がよくわからなくても、教わりながら何度も繰り返してるうちにだんだんコツがつかめてくる。そのうち全部自分ひとりでやれるようになる。そうするとなんだか自分が一人前になったような気がする。

とは言え、俺より二十年も前からやってるベテランの技術レベルはとんでもなく高い。修行中にさすがにその域まではいけないだろうなと思った。だったらスピード勝負だ。速さだけでも抜いてやろうと思った。それで頑張って、先輩たちよりも早くできるようになると単純に楽しかったし、先輩たちも俺に一目置いてくれるようになる。

中にひとりスーパーマンみたいな人がいたのだけれど、その人に「おまえには勝てん」と言われたときは、嬉しすぎて文字通り天にまで昇るような気分になった。まさに夢心地ってやつだ。

一日で最高十七台の点検や故障修理作業をやったことがあった。そのときは別に誰からも声をかけられたり褒められたりはしなかったけれど、自分で自分のこと凄いなと褒めてやりたくなった。そんなふうに人から認められ、自分で自分を認められることの大切さに気づいたのは、あの一時間前出社のおかげだと思っている。

自分で言うのもなんだが、辞める時には本当に惜しまれた。

おまえおらんと、みんな困るぞって。

「俺、こんなに必要とされていたんだな」

と思ったら、仕事で涙を流すほど感動した。整備の技術はまだまだだったけど、重宝された。みんながやることを、俺が朝早く行って済ませてたんで、その俺がいなくなると自分たちでやらなきゃいけなくなる。それだけのことかもしれないけど。もちろん一時間早く出社したからといって給料は変わらない。けど仕事の楽しさとか喜びとか、やりがいとか、そういったものを肌で感じ取ることができた。だからこそ身に染みた。

研修とかからではなく、現場だからわかったんだと思う。現場は人生そのものだから。それ以来、一番出社するのは俺の習慣になった。そのほうが仕事でも有利に働くっていうふうに自分で信じてるからだ。

だから一番出社の座を人に譲るつもりはない。

■山登りのよさは頂上に登った者にしかわからない

うまくいかないことを、どうすればうまくいくようにできるか——。
これまでの人生、そればっかり考えてきたように思う。
車検が増えないから車検増えるようにしたい。
人が育たないから人が育つようにしたい。
人が定着しないから、定着するためにはどうしたらいいか。
問題があるからこそ、それを解決することで前に進める。
問題が起きないようにするためには、どうしたら良いか？
なにかを成し遂げた人、成功した人に共通することは「実行力」だと思う。
つまりは目の前にあるその問題を乗り越える力。とにかく、四の五の言わず
やってみること。それが一番大事。

最初からやることなすことすべて上手くいく、なんていうことは絶対にありえない。何度も失敗を重ねてるうちに、だんだんコツがわかってくる。そうやって上達していく。うまくいかなかったら、その原因を考えてうまくいく方法を考えて、やり続ける。ときどき、心のどこかから「もうあきらめたらどうだ？」という声が聞こえてくる。それに合わせて、あきらめるべき理由が湧いてくる。

うまくいかないのは自分に向いてないからだとか、そもそも自分の性格に合ってないんじゃないかとか、普通はここまでやらないだろうとか……。そういった言い訳の根拠はたいていが「常識」から来てる。そんな常識には背を向けること。とにかくあきらめるための言い訳を自分の頭から追い出す。

自分に合うか合わないかなんていうのは、とことんやってみないとわからない。ひとつのことを最後までやってみて、やっぱこれ合わないわと言うのならわかる。けど、やり遂げもせずに合わないなんていうのは錯覚だ。

例えば山登り。坂を上ってる途中はあちこち岩だらけで歩きづらい。足は痛くなるし息は切れるしで、もう途中で帰りたくなる。こんなことのなにが面白いんだ、となる。けど、それでもなんとか頂上にたどり着いて周りの景色を見たとたん、それまでの気持ちは一八〇度変わる。来てよかった、また登りたい、となるわけだ。山登りのよさは頂上に立った者にしかわからない。

やり遂げてないことを自分に合わないというのは、一度も頂上まで登ったことのない人間が、山登りなんて自分には向いてないとか、つまらないよと言うのと同じだと思う。

■まかない種は実らない

「誰でもできますよ」と言うと、それはあなたに特別な才能とか能力があったからそう言えるんであって、誰もができるわけじゃないでしょうと反論してくる人が必ずいる。

例えば、俺がいちおう特技としているトランペットやギター、ダンスにしても、自動車整備の技術にしても、ぜんぶ生まれた時からできたわけじゃない。何度も何度も繰り返して、そうやって継続しているうちにできるようになっていく。

たいていの人間の能力というものは放っておいても開花するものじゃなくて、きっかけが必要だ。乾いた植物の種のように、土の中に埋めたり水を与えたりしないと芽は出ない。芽が出る前にあきらめるのは論外だが、芽が出たらあとは毎日、水をやったり日に当てたりと世話をしてやればいい。世間ではよく、よくない結果になったのは元々は自分のせいだという意味で「自分でまいた種」という言い方をする。

だけど、それも見方を変えれば、自分で種をまかない限り、花も咲かなければ実も結ばないってことだ。種をまく前から、そんなことやってもしょうがないと思ってやらなかったら一生、花も果実も手に入らない。どんな花が咲くか、どんな実がなるかはわからないかもしれないが、それでも種をまいてみる。そうしてその植物を育ててみる。面倒でも毎日、水をやったり雑草取りをしたりしているうちにそれが毎日の習慣になっていく。

そうやって世話を続けていれば、もしかしたら、それは将来とんでもない実を結ぶかもしれない。

種をまく。つまり最初のスイッチをいれること。それが大事。

そして、取りかかるのは早ければ早いほどいい。ひとつの夢を本気で実現しようと思うなら、期限を設定すべき。できれば三年以内にとか、できれば一年以内にとか、できれば今年中にとか。そうすると実現までのロードマップがはっきりするので、「そのうち」と思っていたのが一ヶ月以内にとなって「とりあえず、いま電話してみようかな」となる。自分がどうしたいか、が大切なんでそこは遠慮をしない。とにかく一〇〇パーセントやってみないとわからない。

俺がたどり着いた結論はそれだった。

■専門家には気をつけろ

俺が最初に車検のフランチャイズを手がけようとしたとき、無理だとフランチャイズの専門家に言われた。

フランチャイズというものは物流があって初めて成り立つもので、ノウハウだけではできるようになったらそこで終わりなんだと。日本で最初にフランチャイズをやった不二家にしても商品開発から製造、販促、物流となにからなにまで全部に関わってるからフランチャイズとして成り立つんだと。

今までそれをやった日本人はいない。絶対にできないと断言された。それはフランチャイズ界の常識かもしれないけど、俺はそんな常識のことは知らんと。俺ならやれる。真剣にやってみようと思った。

結果、フランチャイズ一号店ができた。やれたわけだ。その一点で無理だと言っていた専門家が間違ってたことが証明できたわけだ。

専門家と呼ばれる人たちは、自分の専門分野に囚われ過ぎて、守備範囲から外れたところに目が向きにくい。そこに落とし穴があるような気がする。今後、金利は上がるのか下がるのか、円高か円安か。

二つに一つのことでも、経済の専門家の意見はバラバラだったりする。世に出回っている健康法なんかもそう。食っていいもの悪いもの。やっていいこと悪いこと。医者によって言うことがまちまちで、結局なにが正解なのかわからない。

専門家の言うことだからって鵜呑みにしちゃいけない。

これも俺がいままでの経験を通して得た学びのひとつだ。白いカラスなんか絶対いないと主張していた専門家の前に、「ホラ、この通り」と実際に白いカラスを連れて行って見せたら主張を引っ込めるしかないだろう。

「できる」と「できない」二つに一つ。だけど、どっちが強いかと言ったら絶対に「できる」なんだ。「できない」には「現時点では」とか「自分の知る限り」という前提条件がつく。それに「できない」はそれこそ証明することができない。その一方、「できる」は「できない」を一瞬でくつがえすことができる。白いカラスと同じ理屈だ。そうなったら相手はもう、「お前ならやれると思ってた」くらいしか返しようがない。

「やれるか」「やれないか」の議論になったら、やっぱり「やってみないとわからない」という結論になる。

■最初の一歩

なにか未知のことに挑戦しようというとき、多くの人が「本当にやればできるのか。もし、できるのであればやりたい」と考える。誰でもリスクを取りたくないから、そう考えるのは仕方がないのかもしれない。だけど事業に「絶対」という保証はない。自分の可能性をかけて取り組むしかない。できるまでは批判される。できたらヨイショされる。それが現実。

俺は、途中では失敗したとは考えない。失敗するほど他人から批判される。自分で勝算があっても他人は相手にしてくれない。「誰でもできる」というのは、真実は「誰でもできるようになると信じている」。一見、同じようなことを言ってるように見えるかも知れないが、かなり違う。

前にも言ったように、なんでも最初からできる人間はいない。

例えば、楽器であれば、これをこうやって繰り返しているうちに弾けるようになりますよ。いまは弾けなくてもできるようになりますからね、とやっているうちに必ず弾けるようになる。必ずだ。外国語の習得だってそう。いくら難しいと言っても、その国に行けば子どもだって普通にペラペラしゃべってるんだ。世界で一番だか二番目に難しいといわれる日本語を読み書きできてる点で、よその国の言葉を話せないわけがない。

夢だってそう。夢が実現するというのは、夢が実現する法則に基づいてやるべきことをやっていれば、必ず実現するというのが俺がたどり着いた答え。とにかく最初の一歩を踏み出すことが大事だ。

エンジンがかからなくなったクルマを押すとき、一番力がいるのは最初の十センチ。十センチ動いたらあとは三〇センチ、五〇センチ、一メートルとだんだん軽くなっていって三メートルくらい進んだらあとはそれほど力を入れなくてもクルマは惰性で動く。それと同じでいちばん勇気がいるのは最初の一歩。「千里の道も一歩から」という。一里四〇〇メートルとして、全行程四〇〇キロの道のり。単純に一歩一メートルと計算しても四〇万歩。最初の一歩を踏み出したとき、その距離はほんの四〇万分の一進んだに過ぎないが、その一歩にはすでに一〇万歩分くらいの価値がある。

できるかどうかとか考える前に、とにかくやること。腹筋とか腕立ての運動習慣であれば、一日一回から始める。時間であれば一秒とか一分から始める。二日目も三日目も繰り返すだけ。ごたくを言う前に、とにもかくにも最初の一歩を踏み出すこと。

■3万個の夢

夢を実現させるために一番大切なことはなんですか——。

そう聞かれたら、俺なら
「まず夢をもつこと」

と答える。当たり前すぎて肩透かしを食らったような気になるかも知れないけど、そこが原点だ。楽しい夢はたくさんあったほうがいい。そんな発想から俺はドリームマラソンを始めた。マラソンと言っても、ぜんぜん辛くも苦しくもない。一〇〇均で買ってきたノートに、思いつくままに夢を延々と書いていく。1、2、3、4……と、頭から番号振って、自分がしたいなと思ったことを次々と書いていく。

最初のうちは、これはあまりにも現実離れしているなとか、アホみたいだなとか、人が見たら笑われそうとか……どこかで自己規制してしまう自分がいる。けど、それでもどんどん書いてるうちに、だんだん感覚が麻痺してきて、なんでも書けるようになってくる。叶うか叶わないか、そんなことは一切関係ない。

「書いてもそうはならなかったら……」

なんて考え出すと、書く意味ないなとなる。そんな考えを頭から追い出すこと。夢をまず書いてみて、でそれが面白そうだったらやればいい。頭の中だけで考えるのと、手を動かして文字にして、それをあらためて自分の目で眺めるのとでは感じ方がぜんぜん違う。とにかく「書くこと」に価値がある。

その時はずっと覚えていようと思っていても、もう一晩たったらほとんどのことは忘れ去られていく。昨日まで思っていなかったことが、ふとアイデアとして浮かぶ。ブレーンストーミングをひとりでやっているようなもの。アイデアマンですねと言われることもあるが、その源泉は二十六歳からはじめた夢のリスト。俺の夢は全てこのドリームノートにあるのだ。プラスに転じていっている。企画とか発想とか、全てがそういう夢から発生している。何を思うかによって、もう未来は書き換えられていく。夢にはそういう力が潜んでいるのだ。

ちなみに俺の夢の数、現在三万個を超えている。基本的には、何々したいという「ＷＡＮＴ」の形で書いていく。

味噌ラーメンが食べたい。これもひとつの夢。どこそこの○○という店の味噌ラーメンが食べたい、も夢。したいことを明確にした方が楽しみも大きくなる。今日のお昼はあそこの味噌ラーメン食いたいなってね。近々とかじゃなくて、「今日の昼」っていうことでより具体的になるわけだ。もっと具体的にするなら、雪を見ながら札幌の○○軒の味噌ラーメンを食べる。トッピングは煮卵と海苔だ！ネギもマシマシにしよう。これで「雪の降る時期」に「札幌まで行く」「○○軒に入る」「味噌ラーメンを食べる」煮卵、海苔、ネギマシマシ。これだけで七つの夢になる。

「バナナ一本食べる」だって立派な夢だ。バナナが食べたい。とびきり美味いバナナが食べたい。○○デパートの高級バナナが食べたい。テレビで見た一本一万円のバナナが食べたい。

そんなふうに夢を広げていくのも面白い。世間の常識で行くと、そんなことどうでもいいんじゃないのって言われるかもしれない。でも、俺はしたいことをしたい。自分が何をしたいか、それを紙に書いてきた。夢を見るとき、アイデアを練るときに自制心はいらない。制限をなくせればアドレナリンが出る。むしろアドレナリンが出るようなことを常に考える。

ドリーム＝アドレナリン。

ドリームを書けば書くほど、アドレナリンが出る。

アドレナリンが出たらそれを起爆剤にアクションを起こす。

ドリーム（ＤＲＥＡＭ）をノート（ＮＯＴＥ）する。

そしてアクション（ＡＣＴＩＯＮ）を起こす。

この三つの頭文字を取って、名付けて「ＤＮＡ」。

そうやって自分で自分を覚醒させる。こんなこと考えちゃいけないとか、こんなことできるはずないとか、そういうネガティブな反応は無視する。

眠っているときに見る夢は制限がない。なんでもありの世界だ。目覚めてるときの夢だってそれでいい。見ちゃいけない夢なんてないんだ。人生やりたい放題やりたい。俺は、願うイコール行動だと思ってる。

何もせずに椅子に座ってただ願っているのは弱い願い。そこに向かってアグレッシブに行動する。何かをやるっていうことは、そもそもダメで元々の話。だからもうがむしゃらに突き進む。突き進みながら戦略を考える。どうすれば目的を達成できるか。もちろん戦略があったほうが同じ時間行動してもそこに行ける確率は高くなる。

楽器の練習にしてもひとりで楽器をにらめっこして練習するのと、日本一の奏者について練習するのでは、同じ一時間でも成果はぜんぜん違う。

難易度の高い目標であればあるほど、それだけ乗り越えなければならない壁や障害がある。それを乗り越えられるかどうかは、やっぱりそれが好きでやってるかそうじゃないかというその一点に全ての根っこ、基礎がある。

車検チェーンよく五〇〇店舗もやれましたね。相当苦労したでしょうと言われても、俺はやりたくてやってることなので「楽しい」しかない。要はそこがポイントだと思う。

■ゲームと思えば仕事も楽しい

最近、というと矛盾があるかもしれないけど、ある発見があった。

昔、大流行したインベーダーゲームのことだ。あのゲームに関していえば俺はエキスパートだ。ファイナリストだからだ。特別な才能があったわけじゃなくて、全部クリアできるまでやり続けた。会社の待合室に、昔流行った喫茶店の中古のインベーダーゲームテーブルを買ってきて設置した。ブームはもう終わってたけど、お客さんの暇つぶしになればと思って導入した。無料だからいくらでもできる。当時、仕事がなくて暇だった俺は、どんどんやって最後までクリアできた。

流行していた当時は、一ゲーム一〇〇円と資金力にも限界があるのでゲームを途中で諦めざるを得なかった。それがタダでいくらでもできるようになったら、もう好きなだけやれる。で、その結果、最終ステージをクリアできるまでに腕が上がった。そこで学んだのが、なんでもやり続けてるうちにできるようになるということだった。それを成功体験というと、そんなの単なる遊びじゃないかと思うかもしれないが、俺はそれでいいと思う。

夢と同じで、成功体験を得るのに優劣や上下はない。ドーバー海峡を泳いで渡るのも素晴らしい成功体験だし、金づちだった人が二十五メートル泳ぎ切ることだって、その人にとっては忘れがたい成功体験になるはずだ。人に言って回ったり、誇ったりする必要はない。たとえ小さなことでも自分だけのチャレンジをして、それをいつか成功させること。

最初は不可能だと思っても、やれると思ってやればできる。そういう経験を自分の中に積み重ねていくことが大切なんだと思う。

目標を決めたら、そこまでの道を探し出して、最後にたどり着くことがすごく大事。ゲームにしてもファイナルまでゲームオーバーの連続だ。その時点で心が折れて、あきらめる人が大半だ。最後まで必ずできると思って、ゲームオーバーになる度に改善し上手くなっていくのは嬉しいし、上手くなっていく感動の連続でゴールインできるのだ。

インベーダーゲームはやりたいからやった。だから、いくら途中でゲームオーバーになっても、やりたくてやっているので、今日はここまで行けたとか、最高得点を更新できたとか、そこに満足感がある。

難易度が高ければ高いほど、それを克服する喜びがある。幼稚園児を相手にサッカーの試合やって勝っても面白くもなんともない。やっぱり自分より強いチームとやって、最初のうちは負けてても練習して勝てるようになったら楽しいなっていう、勝ちたかったら勝つまで自分を磨く喜び、その分だけで成長してる。仕事も同じだと思う。いやいや、ゲームと仕事は違うでしょと人は言うかもしれない。けど、俺に言わせれば同じだ。仕事も楽しもうと思えば楽しめる。ゲームと思って仕事をすれば楽しい。人生もまたしかり。誰もがファイナリストになれる。

自分の人生ドリームのファイナリストに！

■楽しい仕事　苦しい仕事

何の楽しみもなく、ただ淡々と日々を過ごしているという人がいる。でも、そういう人にも「生きる」という最低限のモチベーションはある。そのためには生きていくのに必要なお金を稼ぐために働かなくちゃならない。そういう人にとって仕事が楽しいわけがない。本当は働きたくないけど、生活のために働かなきゃいけないから働いてる。そういった「仕事感」を持って働いている人が比率としては一番大きいと思う。でも、それはすごく残念な考え方だ。もう正直、働きたくなかったら働かない方がいいんじゃないかって俺は思う。

働きたいから働く。そう思って働いてた方がよっぽど楽しい。

仕事なんてほんとはしたくない。働きたくないけど生活のために我慢して働いてる。それが世間の一般常識。それでストレスが溜まるから、そのストレスを発散するために自分へのご褒美とかなんとか言って、買い物したり趣味や遊びにカネをつぎ込む。

仕事のストレスのためにお金を使うってなんか違うと思う。いくらお金をつかっても仕事のストレスは変わりません。逆に大きくなる可能性もある。仕事は生きていくために仕方なくするもの。仕事は厳しくて辛いもの。仕事は労苦……そういった世間の常識をまず頭から追い出すこと。

「仕事は喜びであり楽しみ」を自分の常識にしていけばいい。どんな仕事でもお金をもらえるのは、お金を払う人がいるからだ。それはつまり、そのお金を払う人にとって必要なこと、つまり価値があることをしてるわけだ。

「そもそも仕事が楽しいワケがない」と割り切ってる人でも、もし、その仕事を楽しめるようになったらどうだろう。そのほうがよっぽどハッピーに生きていけるはずだ。同じ仕事でもイヤイヤやるのと、楽しくやるのでは時計の針の進み方がぜんぜん違う。楽しくやるにはその仕事に価値を見出すこと。

その価値を、より価値あるものにしていくのが「夢」なんじゃないかと思う。どんな小さなことでもいいからとにかくその分野での日本一、世界一を目指すとか。夢があれば今の仕事はもっと楽しんでいける。夢っていうのは誰でも持つことができるもので、決して特別なものじゃない。

自分の人生で何をしたいのか。

仕事で何をしたいのか。

どういう人間になりたいのか。

それが夢なんだと思う。

いま言ったように「夢なんか必要ない。ただ、淡々と毎日を過ごしていければいい」という人はいる。でも、その前提の淡々と生きていくというのも実は簡単なことじゃない。最低限の健康とインフラが必要で、それがいつまでも続く保証なんかないわけで、その「淡々と生きる」だって立派な夢なんだ。淡々と生きるという夢が叶えられて、自分は幸せ者だなと思ってたほうが精神的にも気持ちよく生きられると思う。

要は、常識には「世間の常識」と「自分の常識」があるということ。仕事は楽しい。それが常識になれば、仕事やってるほうがストレス溜まらない。しかも仕事することで人に喜んでもらって、それでお金がもらえる。こんなにいいことはない。

■ドリームノート　大きな夢は細分化する

例えば「一億円を稼ぐ」を目標にするとき、俺はまずそれを半分に割って五〇〇〇万、それをさらに割って一〇〇〇万、一〇〇万というふうに分けていく。そうやって一億円の目標にたどり着くまでの階段の段数を増やして、細分化する。

つまり夢の数が増えていく。そうするとアクションが起こしやすくなるから達成しやすくなる。細分化して増えた夢をどんどんノートに書き貯めておく。こんなこと書いてもしょうがないか、などと自分で制限かけるのはNG。思いつくままにどんどん書く。後で書けばいいか、などと思っていると忘れる。だから、とにかくその場で書く。そのときはボンヤリしたものでも、後で読み返すと「俺、こんなこと考えてたのか」と単純に面白いし、中にはダイヤの原石じゃないけど、すごいアイデアの種になりそうなものがあったりする。

考えてみれば、文字というものはすごい。一度書いておけば、何回でも読み直せる。物理的にそこに残っている限り、何万年経っても読めるし、何億回読んでも減らない。夢ノートは日記と違って、頭に浮かんだドリームアイデアを書き連ねていくだけだから起承転結や言葉づかい、文法なんかも気にしなくていい。

夢の細分化に話を戻そう。

例えば、富士登山。頂上まで行く間だけでも一〇〇個ぐらいの夢に細分化する。頂上で撮る写真のポーズ、そのときの服装……。

これまでに二〇一〇年に登ったけど、写真ポーズだけでも一〇の夢を叶えた。〇〇さんと何合目で写真を撮る……。そうやって富士山だけでも、たくさんの夢を叶えた。ヒーヒー言いながらではなく、楽しく登れるように豊田の近くの猿投山《さなげやま》には足腰を鍛えるために何度も通った。

そうやって夢が明確になればなるほど、モチベーションは上がる。

■人に喜んでもらうことにリミットはない

人間を前進させるモチベーションっていうのはひと言でいえば欲望だ。その欲望にも二通りあると思ってる。ひとつは自分自身の欲を満たしたいという利己的な欲望、もうひとつは人に喜んでもらいたい、人の役に立ちたいという利他的な欲望。

一所懸命なにかに打ち込んでいると言ってもそれが自分ひとりの利益のためだけにやってる人は、とかく他人から足を引っ張られやすい。良い悪いではなく、人間というのは誰にも多かれ少なかれ嫉妬心というものがあるから仕方がない。

けど、人に喜んでもらいたい、こうしたらもっと喜んでくれるだろうなといった気持ち、それをモチベーションに頑張っている人には協力しようという人が出てくる。それでうまくいくと更に協力者、応援してくれる人が増えていく。その好循環ができる。だから基本、俺のスタンスは「与える」とか「喜んでもらう」ってところにある。「奪う」とか「自分の利益だけを追求する」利己的な夢をずっと追い求めていくのはとかく危険が伴う。

別に豪邸に住むのは自由なんだけど、基本的には、やっぱり与え、喜んでもらうという夢を描いたほうが人生はより良くなると思う。大金持ちになってドバイあたりに住んで、何億もするヨットだとかクルマ乗り回して……と言ってる人と、自分は大きな病院を建てて恵まれない子どもたちを救いたいんだって言う人がいたら、どっちを応援したくなりますかって話。

金儲けを第一目的にして、実際に稼いでいる会社もたくさんある。それで儲けたカネを使った派手な生活ぶりをアピールして、それを羨む人たちも山のようにいる。

だから儲けているイコール立派な経営者だっていう風に思われる。結局、あなたはカネとヒトのどっちを優先してるんだっていうこと。一度壊れたら戻せないような貴重な人間関係をむざむざと崩していくのは、カネを優先するから。

それがいいとか悪いではなくて、そこの優先が人なのか、お金なのか。仕組み的にはお金ありきのビジネスモデルだと思う。売り上げを単純にカネとか数字考えると、ここらあたりで十分じゃないかってなるんだけど、人に喜んでもらうっていうことにリミットはない。

これぐらいでいいやというのは基本的にない。もっと喜んでもらおうってなる。だから普通に会話をしていても「そこまでして売り上げを上げたいとは思わない」という人はカネの面しか見てなくて、そこまでやっても自分が得をするとは思えない。かえって損してしまうからやらない。そんなふうに損得勘定だけでやってる人だと思われる。

■ホラ吹き大会

――自分はこういうことを成し遂げたい。

自分の中で心を決めることもそれなりの覚悟が必要だけど、それを周囲に宣言するときはかなりの勇気が必要だ。それを口にした途端、ああでもないこうでもないと賛否両論、議論が巻き起こり色んな批判も噴出する。けど、その一発目が想像外の大ボラだったりすると意外と反対や批判は少ない。反論しようにも話がデカすぎて頭が追いつかないからだ。

いまから一九六〇年代に、アメリカのケネディ大統領が「我々は月に行くことを選択する」とぶち上げたとき、もちろん一部で反対もあったけど、その夢の壮大さに感動して多くの国民が賛成した。

それと一緒にするのもおこがましいが、俺はどうせ吹くならホラは大きければ大きいほどいいと思っている。コバックの加盟店のオープン研修で懇親会の後、参加者にそれぞれが掲げる将来の目標を発表してもらうという時間を設けている。実現可能性なんか二の次、三の次でいいからとにかく大きな夢、目標、ぶっちゃけ大ボラを紙に書いて、それをみんなの前で読み上げるわけだ。いうなれば「ホラ吹き大会」。最初のうちはみんな「こんなことホントに言っちゃっていいのかな」みたいに、戸惑ったり、照れたりしているが、「自己規制」という自分で自分を縛りつけていた枠組みからはみ出してホラを吹くときの表情は誰もがにこやか。ほんとに輝くようないい表情をしている。

だから本社三階の廊下の壁には、そういった彼らが書き残していった色紙がズラリと貼り巡らされている。

どれもが大ボラだが、それには「いまのところ」という前提が付く。
いつかそのホラのいくつかが、いつか必ず現実になると俺は信じているのだ。

■「なりたい」と「なれる」の違い

それを人は素質とか才能の問題で片付けてしまいがちだが、いわゆる「成功者」と呼ばれる人たちの中には文化や教育とは程遠い田舎の貧しい家で育ったとか、小さいときに親に捨てられて親戚をたらい回しにされたとか、けっこう悲惨な環境の下で成長した人が多くいる。

たとえどんな環境で生まれ育ったとしても、人が夢を見るのは自由だ。いつかビッグになることを夢見つつ、けっきょく平々凡々な人生で終わる人もいれば、無茶しすぎて暗黒面に落ちて犯罪者になってしまう人間もいるし、それこそ世界的なスーパースターになる人間もいる。目指すものは同じなのに、なにが違っているのだろうか。俺もあれこれ頭をひねってみた。

ひと言でいえば「考え方」なんだと思う。スーパースターになる考え方を持っていればなれる。なりたいと思っていても、スーパースターの考え方をしていなかったらなれない。文字面《づら》だと大した違いはないように見えるが、「なりたい」と「なれる」はぜんぜん違う。「なりたい」を「なれる」に変えるには「俺は必ずそうなれる」と自分を信じ切ること。

自己暗示で潜在意識を変えていく。というと「ハイハイ、出ました。自己暗示と潜在意識ね」と思うかもしれない。それくらいこの言葉はもう世間で周知されていて、この言葉は聞き飽きたという人もいるだろう。実際、俺自身も最初にこの話を聞いたときは似たような反応だった。半信半疑。

例えばあの大谷翔平。文字通り、世界のスーパースター。彼だって生まれた時から野球界の記憶を塗り替えてやろうとは考えてなかったはずだ。でも、成長していくに連れてプロ野球選手になりたい、アメリカのメジャーリーグで活躍したいという具体的な夢が芽生えていった。小学生二年で野球を始めた時、俺がベイブルースの記録を破ってやろう、みたいなことは目標にはしていなくて、小学校、中学校、高校と段階的に目標を設定し、成長、成功を成し遂げた。その結果、遂に近代では稀な二刀流で成功。過去の歴史を塗り替える野球史上初へとスイッチが入っていったというのが本当のところだと思う。本来なら途中でつぶされてもおかしくないような状況にあっても、逆にそれを全部自分の糧にして伸びていった。いまではメジャーリーグの記録を塗り替えもう誰にも止めようがないような勢いで世界中の野球ファン、そうでない人も含めて喜ばせ勇気づけている。まさにスーパースターの役割を果たしている。だから、この潜在意識っていうのは、最初からあるもんじゃなくて、育っていくもの。育てていくものだと思う。

俺の経験でもそう。やっぱりつぶされそうになったときに強化できる。筋肉みたいなもので負荷がかかったときに強くなる。そのベースが何かというと「したくてやってる」ということ。「惚れて通えば千里も一理」というやつだ。野球をやりたくてやってる、メジャーリーグに行きたいからやってる、投打二刀流やりたくてやってる。いたってシンプル。シンプルだからブレない。どんなにバカにされようが、批判されようと、バッシングをぜんぶ跳ねのけて二刀流を貫いた。

とても常人にはできないことだけど、メカニズム的には同じだと思う。俺は俺で、成し遂げたいことを先輩たちから教わったり、本から学んで「本当にその通りだったらすごい」と思って、これまで自分自身を実験台にしてきた。

■誘惑に負けない自分の作り方

わかりやすいところでいうと、例えば体重のコントロール。三十歳の前半、俺は太っていた。身長一六〇センチ、体重七十キロくらいかな。そしていまは五十二キロ。もうここ三十年ぐらいは五十二キロ前後をキープしている。なぜそうしたか。一生涯、理想の体重で生きたいって思ったから。

それもひとつの「ドリーム」だ。どれだけ時間がかかろうが、カネがかかろうが、心の底からそこに行きたいと思った。だから、この三十年は毎日体重計に乗って、二キロオーバーしたらイエロー信号。とにかく食事と運動のコントロールを楽しむ。これは俺にとって毎日のゲームにすぎない。簡単に言うと「腹パン」か「腹グー」か?体重が増えているのは、カロリー過多なので「腹パン（腹パンパンまで食べた）」状態。であればカロリー減少の

「腹グー」を選択すれば必ず痩せる。お腹がグーグーなればなるほど、脂肪は減少するのが実体験だ。(栄養のバランスは必須です)
大変でしょうという人もいるけど、ぜんぜん苦じゃない。それは、自分が理想とする自分像を明確にドリームとして書いてあるから。自分がそうしたいからしているだけで、我慢なんかひとつもしてない。好きなように飲み食いしてるけど、それはあくまでも適正体重をキープできる範囲で飲食を思う存分楽しむということ。好きなものを無制限で腹一杯食べることが幸せだとは思わない。ノーストレスだから三十年続けられたんだと思う。
もちろんすべての夢が順調に叶ったわけじゃない。
いちばん難易度が高かった一つが、タバコをやめることだった。なにしろ、中学に上がろうかという時にダウン・タウン・ブギウギ・バンドの『スモーキン・ブギ』という曲が大ヒット。学生服のポケットに入れてトイレで一服、授業をサボって喫茶店で一服とかなんとか、いまの時代では考えられないような歌詞の曲で、これが当時の俺たちティーンエイジャーに影響を与えないはずがない。俺の友達は、全員スモーカーだった。おかげで俺も無事スモーカーへの道へと足を踏み入れ、タバコなしの人生など考えられないというところまで行った。寿命が短くなろうが、寝タバコで家が燃えようが、そんなことはおかまいしで吸っていた。山登りの途中でタバコがないことに気づいて、迷うことなく下山したこともある。

そんな状態からタバコをやめるのはまさに至難の業だった。ノンスモーカーは、最初から吸いたくないのだから喫煙を我慢してない。タバコ吸っちゃダメと言われたって痛くも痒くもない。一方のスモーカーは、タバコ吸っちゃダメ、となったらひたすら我慢するしかない。四六時中吸いたいのを我慢してるので、一年二年やめた人でも何かのきっかけで我慢の糸が切れてリバウンドすることがある。

ダイエットを失敗する人もみんなそう。ずっと「食べたい、飲みたい」という欲求を無理して抑え込んでるから、どこかでつまずくのだ。潜在意識を変えない限り、いつかまたその潜在意識に引き戻されてしまう。じゃあ、潜在意識を変えるにはどうすればいいかというと自己暗示しかない。

俺もタバコ吸いながら、自分はノンモーカーなのだと自分に暗示をかけ続けた。始めてから九ヶ月が経ったある日、ふと、自分はノンスモーカーなのになんでタバコなんか吸ってるんだろうという考えが頭に浮かんだ。ノンスモーカーなのに何でタバコを吸ってるんだろうって。これは自己暗示の大成功だった。ノンスモーカーの心になれたら、あとはニコチンを抜くだけ。まずは肺からではなく皮膚からニコチンを摂取できるニコチンパッチを貼った。日本ではまだ売ってなかったのでインターネットで海外から取り寄せたやつを貼った。するともうタバコがぜんぜん欲しくなくなる。ラッキーだった。ニコチンパッチと出会う前はタバコが禁止された国に行くとか、病院に入院して禁断症状を抑えるとかいろんな方法を考えたけれども、ニコチンパッチ作戦は見事に成功した。

直径五センチぐらいの丸い湿布みたいなのをお尻に貼っておくと、なんだか口寂しいような気もするけど、タバコを吸いたくて仕方がなくなるという感じがなくなる。いわゆるニコチン切れ症状に襲われなくいつもタバコを吸い終わった状態が保てた。目覚めの一服とか食後の一服とか酒を飲みながらの一服とか常にタバコは生活の一部だった。

ここでスモーカーだと習慣的にタバコに手が伸びそうになったりするのだろうが、俺のマインドはすでにノンスモーカーなので吸わないという状況にすんなり適応することができた。

目覚めは深呼吸で空気が美味い！食後はお茶が美味しい！酒を飲みながら食事を味わう！プラス思考の塊だ。

タバコをやめてみて、いかに自分がこれまでタバコに振り回され、カネや時間、自由を奪われていたかを痛感できた。

人と話をしていても「ちょっと失礼」などと言って中座しなくてよくなるし、それまではタバコタイムでしかなかった会議の休憩時間なんかも有意義に使える。会議などタバコが吸えない状況が続くと、頭がタバコに気を取られて会議どころじゃなくなる、なんてこともなく、安心して仕事ができる。

正直にいうと、作戦なしでやめようと思ったことがある。よし！タバコを止めるぞ！！！妻に宣言をして新品タバコを捨てたが一時間したら吸いたくなる。二時間、三時間と吸いたくなる感情と身体がニコチンを欲して震えがくる。こんなことが一生続くのなら何が何でも一生涯吸ってやる！と、開き直って吸い始め、今まで以上に多く吸うハメになった。

しかし、いまではもう潜在意識の一〇〇パーセントがノンスモーカーで占められている。だから、もう誘惑に負けるどころかタバコを吸わない自由な人生に喜びを感じている。

■挑戦にいちばん必要なものは「ドリーム」

コバックの原点である車検のフランチャイズというシステムを思いついたとき、自分の中で二つの反応が起きた。一つは「これはすごいアイデアだ。絶対にモノになるぞ」というポジティブな反応。そしてもう一つは「そんなことできるわけない。できるなら、もう誰かがやっとるわ」というネガティブな反応。親父の世代から続く旧来の考え方にどっぷりつかっていた俺は、新しいことに挑戦するリスクを選ぶより、やっぱり無理だよなという方へ傾いていた。だが、それじゃいけない。やってもみないで、できないと諦めてしまうのはロックな生き方じゃない。

八年前、名古屋の栄のセントラルパークで、ヒデと二人だけのチームで初めてロックンロールを踊った。ただただ楽しくて夢中で踊った。あのときは、まさかそれが名古屋最大のグループになるなんて思ってもみなかった。

日本で最初の車検チェーン、ホントにできたら面白い。いや、できる。必ずできる。できるに決まっている。そんなふうに俺は意図的に自分自身に言い続け、鼓舞し続けた。強制的な自己暗示だ。今まで誰もやったことないかもしれない。俺ができると思えばできる。俺ができないと思えばできない。俺はその可能性がある。可能性に満ち溢れてる。誰もやろうとしてないだけで、俺にはそれだけの能力がある。誰もやってないからこそ価値がある。

それだけ挑戦のしがいだってある。やるしかない。そうやって考えていくと、できない理由がな

筆者中央　ロックンロールツイスト

くなってくる。できない理由があるとすれば、やらないか、やっても上手くいかなかった時に諦めるか。その二つしかない。諦めずに、やり続けていればそれが経験値となって必ず上達していく。目標や夢に近づいていく。間違っても遠ざかることはない。ハイハイしてた赤ん坊が、立って歩き出すのだってそうだ。自分より大きな人間が直立歩行をしているのを見て「ああなりたい」と感じるから立って歩き出すわけで、犬やオオカミに育てられていたらそうはならない。クルマの運転も同じだ。子どもの頃、親が運転するのを見ながら、いつか自分も免許を取って自由にクルマを走らせたいというドリームが生まれる。

そしていよいよ免許を取れる年齢に達する。実技と学科、試験に受かるかどうか、やってみなきゃわかんないんだけど、老若男女フツーの人が、みんな免許もってるんだから、自分もフツーの身体技術と学力があれば受かるはずだと信じて、挑戦をして、乗れるようになってる。

未知の壁だってそうだ。何十年、何百年もの間、誰も破れないだろうと思われていた記録だとか壁をひとりの人間が超えて見せ、それが実現可能だとわかったとたん、次々と追随する者が現れる。

そんな現象は世の中にいくらでもある。ある画期的な乗り物が発明されたとしよう。けど、まだ誰もそれを操縦できない。試験運転にはかなりの危険が伴う。だからみんなビビって引き受けない。そのうち、ある男が志願してその第一人者になる。その後、彼に続いて操縦できる人間が増えていくうちに、こんなことを言い出すヤツが出てくる。

——実際、操縦してみたら大して難しくないな。

確かにその通りなんだ。みんなが乗れるようになってから乗るのも、最初に乗るのも、やることはほぼ一緒で能力そのものに差はない。誰でもやればできる能力はある。ただ、人が歩いた後をたどるのではなくて、未知のことに挑戦できるかどうかはその人間の「ドリーム」にかかっている。目標に向かって進んでいると、ふとした時に「やっても無駄だぞ」とか「どうせ失敗するんだ」みたいに、何かとジャマをしてくる内なる声が聞こえてくることがある。それがマイナスの潜在意識だ。それを黙らせ、「俺なら絶対できる」「最後までやり遂げる」に変えてくれる力が自己暗示にはある。

名古屋栄テレビ塔前　筆者右

■言葉で心は善にも悪にも変化する

世の中で起こることのほとんどは人間の心から始まる。○○したい、手に入れたい、食べたい、見たい、聞きたい……ありとあらゆる人間の行動の原点は感情だ。人間にはその感情を満たすための優れた脳がある。

脳は目的を果たすにはどうすればいいか考えて、手足や口を動かすことで実行させる。慈善事業も強盗も元はといえばぜんぶ心、感情から始まっている。われわれは目で見えるヒトの行動に気を取られがちだけど、一番大事なのはその根底にある目には見えない心なのだ。俺の仕事でもそう。これだけの車検台数を「やりたい」と思わなかったら、脳は働こうとはしない。脳で考え手足を動かし言葉を駆使して、心が欲したものを現実化させる。

単純な話、こんな車検の台数では食ってけない。

もっと台数が欲しい。できるなら豊田で一番の台数が欲しい――という心があって、それを脳がどうすればできるようになるかを考え、脳が答えを導き出していく。俺が豊田市で車検一番に辿り着いてかれこれ四十年ぐらい経つが、一度もその座を奪った店は出てきていない。

その理由は単純に真剣に本気で命を懸けて「コバックを抜いてやろう」と思う人がいないだけだと思う。心は本当に大切だ。だからより心をより良くしたいと願うのは万人に共通することだと思う。心で感じることはみんなできる。心が強く願ってれば、何があってもやりたいと思うし、できるまでやろうと思う。

一般的に世間では否定的、消極的な言葉のほうが使われがちだ。

「○○できるか」と聞かれて「できる」と思ってもすぐにそうは答えず、

「たぶん」とか「難しいかも」「いちおうやってみる」といったような答え方をしてしまう人も多いんじゃないかと思う。そうやって本当の意志からではなく、なんとなく言うというのは危険だ。言葉の表現上だけの問題ではすまなくなるからだ。相手だけじゃなく、自分自身の中で本当にそういう認識になってしまう。本来できるものをできないと自分を欺く結果になってしまうのだ。普段、何気なく使う言葉が自分を縛る。もっと言えば、その言葉が自分の人生を抑えつけてしまうことだってある。

車検センター新豊田が目標の年間台数を達成したときは、それが限界だと思っていたのでそれ以上を目指そうとは考えてなかったし、多店舗展開ができるとか、ましてや全国展開できるなんて思ってなかった。思ってないから、もっと上を目指すべきと言われたときも「そんなことできるわけないじゃないですか」と反論していた。そのときに教えられたのが「できない」という言葉を使えば使うほど失敗して、「できる」という言葉を使えば使うほど成功するということ。

ほんとにその通りだったなと思う。なにか頼み事をしたときに、いつも「できる」という人と「できない」という人がいたら、どっちに人が集まるか。考えるまでもないこと。要はそういうことなのだ。人の悩みの八割から九割は人間関係によるものだといわれている。だからこそ誰もが人間関係をよくしたいと願っている。

新型コロナが流行しはじめた頃、地域で最初に発病した患者を人々が寄ってたかってバッシングするということが全国各地で起こった。普通、誰か病気になったら慰めたり励ましたりするのが当たり前なのに、それとは正反対の言葉を使って中傷するという異常性が浮き彫りになった出来事だった。

言葉は人を救いもするし、傷つけもする。時には人を死に追いやることだってある。しかも言葉は一方通行じゃない。必ず自分に返ってくる。だから言葉には本当に気をつけなくちゃならない。

子どもの頃、人のことをバカ呼ばわりするヤツに「バカと言ったもんがバカ」と言い返したものだが、これは真理だ。人をバカにするような言葉を使ってればバカにされるし、人を恨むような言葉を使ってれば恨まれる人生を送ることになる。大事なことなのでもう一回言うけど、発した言葉はぜんぶ自分に返ってくる。自分の言葉を変えない限り人生は変わらない。夢を実現するのも、人間関係をよくするのも、経済的に恵まれるのも、すべては自分が使ってる言葉次第なんだと思う。

■フランチャイズ1号店

昔から商売は「ヒト・モノ・カネ」って言うけど、いろんな意味でやっぱり「ヒト」は大事だと思う。ほとんどすべてと言ってもいいかもしれない。

車検のフランチャイズ化という話でいくと、俺より先にこれを試みた会社はあった。

結果からいうと一店舗もクリアできなかった。そこの会社では参入の条件として一億円の設備の導入とか加盟金、ロイヤリティだとかまずカネのことから話が始まる。それだと本社が自分のところの利益確保を第一に考えているという印象を与える。それが失敗の大きな原因のひとつだろうと俺は思った。

この三十年の間、車検業界もそうだが異業種でも様々なフランチャイズチェーンが立ち上げられてきたのを見てきたけど、成功するのは数パーセントだ。残りの九割以上の本部は消えている。フランチャイズ本部が潰れたら加盟店はすべてがパァだ。だから加盟するにはどうしても慎重にならざるを得ない。潰れなくても変な本部に捕まったら一生、とんでもない重荷を背負わされることになる。

フランチャイズ業界は色々あるが、俺が自分で編み出した車検システムは、豊田市で大反響大繁盛だ。全国どこでも通用するという自信があった。豊田市で勝っているのだから失敗するはずがない。

が、当時の業界全体の共通認識としてあったのは、「コバックみたいな無名で小規模で資金力もない会社にそんなもんやれるわけがない」だった。そんな中、俺が掲げた「この指とまれ」の指をつかもうとしてくれた人もいた。

愛知県半田市のみつまる自動車の間瀬浩正さんだ。彼は俺と同じように親父さんの後継者として会社を引き継ごうとしていたのだが、車検台数が伸びないことで頭を悩ませていたのだ。

俺の考えに賛同してくれた浩正さんに対し、社長である親父さんにしてみれば、なんで自分がつくった大切な会社を若造と一緒にやらんといかんのかと、けんもほろろという感じでまったく相手にされなかった。

確かに、世間一般の常識からいえば、海のものとも山のものとも知れない車検整備のフランチャイズなんていうものに、会社の命運を預けろというほうが無理がある。

だからといって俺も「はいそうですか」と引き下がれない。フランチャイズの実績もない、成功する保証も責任取れないという中、一号店になってもらうにはもう俺という人間を信用してもらうしかない。

小林とだったらやっていけるという関係性、信頼関係をどう作るか――。

そこに全精力を注ぎ、ついには最初に拒否をした親父さんも微笑みと共に俺を迎えてくれるまでになった。全国でフランチャイズ展開すると決心してから三年。そして浩正さんと出会ってから一年後、ようやく第一号半田店のオープンの日を迎えることができた。

不可能と思われていた俺の夢がついに叶ったのだ。

一号店がブレークスルーとなって二号店、三号店はもっと楽に進むかと思ったが、そうじゃなかった。みんな一定の理解と興味は示してくれるのだが、契約までには至らない。例の神頼みで悟ったときのように、相手の言葉にまずは耳を傾けるということに集中した。

本部として提示するのはこういう条件で、それが飲めないのであれば次の人行きますよ、ではなく、どうすればコバックとやっていこうと思ってもらえるかということを聞いて、形にしていく。

相手の興味をつなぎとめるよう、バーベキューの火起こしじゃないけど、絶妙な風加減で炭をウチワであおぎ続けてどうすれば炎が上がるかっていう、そんな感じだった。

こっちとしてもゼロからのスタートだから別に失うものもない。人生かけて腹をくってやっていく覚悟だから、ちょっとやそっとじゃ引き下がれない。少々の失敗で落ち込んでヒーヒー言ってるような暇はない。とにかくモノより先にヒトを売り込む。そのために小まめに手紙を送り、いただいたメッセージには必ず丁寧に答える……。

そんなふうに興味の火が消えないように、ウチワをパタパタ動かし続けているうちに、いまのコバックの独自の新しいフランチャイズシステムが作られていったというわけだ。

経済歴史上の不可能を可能にするには、炊飯器にある米粒を一つ一つ箸で取り出しながら、可能性を探し掴み取るような作業の連続であったのは間違いない事実だ。

車検のコバック半田店　フランチャイズ夜明け前

■理念はコピーできない

フランチャイズというと、本部が一から十まで手取り足取り指導して、加盟店は黙ってひたすらそれに従っとればいい、みたいなイメージをもっている人が多い。けど、コバックの場合は本部が加盟店に対して一方的に指揮命令するということはしない。上下関係ではなく良きパートナーとして本部が加盟店の経営をサポートすることが大事だと考えているからだ。加盟店が心の底から「本部と提携してよかったな」と思ってもらえること。シンプルだけど、それが究極の姿だと思ってる。

だからうちの本部スタッフにも、加盟店の言いなりになれということじゃなく、加盟店を繁栄させるためのサポーターになってほしい。その上でイニシアティブやリーダーシップをどうやって発揮して加盟店を成功できるかを考えるようにしている。

　それまで誰もできないと思っていた車検整備のフランチャイズ化をコバックがやった。しかも誰もが思っていたように潰れたりもせず、加盟店をどんどん増やしている。それを見て新しい車検フランチャイズ本部がどんどん誕生して、新規参入してきた。コバックが成功して三年の間に大小合わせたら一〇〇本部くらいが立ち上がったと思う。田舎町の若造、コバックができたなら簡単にやれると思って始まったんだろう。

　確かに目に見える車検システム自体は低価格と広告宣伝でやれる。けど、目に見えないソフトウエアは、わからないし、わかってもコピーできないものである。それが「理念」だ。会社の根っこになる考え方、価値観とかポリシーという言い方もできるが、これは単にもっともらしいことを書いて社長室の壁に貼っておけばいいってものじゃない。

まずは加盟店と本部の信頼関係とかパートナーシップを第一に考えること。それがコバックのフランチャイズの根幹、企業文化だ。ビジネスと言っても、もとを正せばお互い血の通った人間同士がやること。何かあったときは、欧米式で四角四面ガチガチに契約書で攻め合うのではなくて、時間はかかっても互いに心を通じ合わせて落とし所を見つけていくっていうことを大切にする。これは、よそがやろうとしても一朝一夕にはできないことだと自負している。「ビジネスはヒト」という考え方は世代を越える。例えばある加盟店の経営者が現役からの引退を考えるとする。会社のその後をどうするか。選択肢は大きく分けて三つある。自分の子どもを始めとした信頼のおける誰かにバトンを渡すか、それとも第三者に譲渡するか、あるいは廃業するかだ。

いまの事業が良好で続ける価値があると思えば、子どもに継がせたいだろうし、子どももそれを望むだろう。が、そうでなければ事業継承は一代限りで終わりとなる。

三〇年あまりの歴史を持つコバックの場合は、すでに三分の二が事業継承に成功している。つまりは世代を超えた関係なのだ。まあ、そういうこともあって業種を問わずフランチャイズに関して相談を受けることも少なくない。

「こういうフランチャイズ考えているんですけど、小林さんはどう思われますか」

コバックの加盟ウンヌンという話ではないので、どうしても表面的な答えになる。が、そのぶん客観的に見ることができる。行けるか行けないかと聞かれたときは、もちろんその事業の内容やシステムのことも見るけれども、結局は誰がそれをやるかということに尽きる。

要は「ヒト」なのだ。儲かるか儲からないかはもちろん大事だが、やっぱりカネしか見てない人は上手くいかない。というのが、俺がこの三十年で得た経験則。

例えば本部が加盟店のロイヤリティの話にしても、それぞれの店舗の事情だとかバックグラウンドを理解した上で決めていくべきところを、とにかく加盟店のことよりもまず自社のカネ計算という考えでフランチャイズ本部をやろうとしたらダメ。カネのことは別として、その加盟店をより良くしたいという気持ちが真っ先にないと。

このフランチャイズという仕組みを使って、加盟店を幸せにして、それが全国に広がっていって、それぞれのお客さんにより良いサービスだとか商品を提供して喜んでもらいたい。そういう考えでなければ、うまくいかないっていうこと。

この話をすると頭ではみんなわかるんだ。でも、実際にそれを心でわかって実行できる人っていうのはやっぱり少ない。だから結果としてうまくいかないというのが実情だ。

一言でいえば、本部が加盟店の責任取れるかって話。

その覚悟でやれますかってことだ。

自分とことで精一杯で……では、フランチャイズ本部はやっちゃいけないと思う。それが俺の偽らざる気持ちだ。

■夢、それぞれの形

年々、「夢」という言葉を口にしづらい世の中になっているように感じる。

——夢は子供が見るもので、大人がみるものではない。大人は現実、現状を語るものだ？

——夢は子供の時にやぶれたので、大人になっても夢を持てない。

——夢について語りたがるのは、だいたいいい加減な奴しかいない。

——夢をもっても達成できなかったら、みんなから馬鹿にされる。

——夢を語れば語ったで「現実を見ろ」とか「地に足をつけて考えろ」「身の丈を考えろ」とたしなめられる。

——夢なんかなくても普通に暮らしていければいい。

——そもそも沈みゆくこの国や自分の未来に夢がもてない。

同じひとつの言葉でも、人それぞれの受け取り方がある。

「夢」に対していろんな見方があるし、どれが正しくてどれが間違っているということは意味がないことだと思っている。俺は、自分にとって価値ある夢を持ちたいし、自分にとって価値ある夢を語りたい。

■笑ってサヨナラ　パラダイ死

いまから三〇年以上前になるが、ある時こんなことを考えた。人間、生まれてくる時と同様、死に方は選べないと言われる。それでも自分がいよいよ最期というとき、どんなふうに死にたいか。いろいろ考えてるうちに「パラダイス」という言葉が浮かんだ。楽園とか天国という意味だけど、死んだら天国と地獄、どっちに行きたいかとなったらパラ天国がいいに決まってる。そんなわけで俺の最期の言葉は「パラダイス」に決めた。言うなれば「パラダイ死」。

自宅で家族に見守られながら、老衰で静かに生きを引き取る——

というのがひとつの理想的なイメージというのはあるにはある。けど、そうじゃない死に方は嫌だとは決して言うつもりはない。世の中には、いわゆる悲惨な死に方とか非業の死というのがある。しかし、誰もが必ず迎える人生最後の死が悲惨であっていいわけがない。俺がこの先どんな悲惨な出来事に出会ったとしても、死ぬ時はパラダイスでありたい。死の先が永遠のパラダイスであって欲しい。俺は自分がガンで死のうと、交通事故で死んでも、そのへんで野垂れ死んだとしてもパラダイスだと思って死にたい。人の手にかかって死ぬのは最悪だとは思うが、たとえ殺されたとしてもパラダイスだと思いたい。暗殺されたマハトマ・ガンジーが、死に際に自分を撃った青年を許せ、と言って亡くなったという話を聞いたことがある。俺もそういう死に方が理想だ。とにかく俺もいつかは死ぬ。だが、それがたとえどんな死に方であっても「パラダイス」と思って死ねれば、本当にパラダイスなんだ。そう思えば、いつ死が訪れても俺はパラダイスだから大丈夫だと腹がくれる。そうなれば、生きることに集中できる。パラダイスに行けるような生き方をしたい。「終わりよければ全てよし」という。これを逆から考えれば「全て良ければ終わり良し」になる。つまり、毎日パラダイスであれば、当然、天国に行く可能性は限りなく高くなる。

このような話しがある。年中病気で寝込んでいて正月だけ元気ハツラツとか、年中貧乏で正月だけ大金持ちになるとか?現実的にありえない。だからあの世がパラダイスであれば、毎日地獄のような人生スタイルであれば、そこから抜け出さなければならない。

だから毎日がパラダイス。

どこへ行ってもパラダイス。

誰と出会ってもパラダイス。

どんな出来事があってもパラダイスというふうになれば常にパラダイス。そうやって常にパラダイスって言っていれば、潜在意識もパラダイス仕様にセッティングされていく。

自己暗示の原理だ！

世間の人が今日は雨が降って嫌だねと言っても、雨の日こそパラダイスなんだと思うことにしている、というより本気でそう思ってる。天と地が雨で繋がる貴重な日なんだと。多少、不便なこともあるかもしれないけど、人間にとっては恵みの雨なんだ。ありがたいなと思ってれば、本当にありがたい。

とかく嫌われがちな台風も地球にとって必要だから起こっているのだ。どうせ止めようがないことだったら、安全予防を楽しんだらいい。家の窓や扉を強化するとか、食料を備蓄して、停電になってもいいように予備電源を用意するとか、台風が来てもぜんぜん大丈夫なようにしておけばいい。来るものは来るんだから、台風にはなぜかいつも名前が付けられてるけど、だからといって変な感情をもたないほうが、心は平穏でいられる。

テレビなんかは台風を災害としか扱わないから、世の中のイメージは悪くなる一方だけどいいことだってあるはずで、俺だったら台風パラダイスとか言って自然を楽しもうと思う。などと言うと、被害に遭った人の気持ちを考えたことがあるのか、というクレームを入れてくる人が必ずいるんだけど、交通事故に例えればクルマという存在が悪いのではないと思う。正月にお餅が喉に引っかかって亡くなる人もいれば、お風呂で亡くなる人もいる。お餅やお風呂を責めてもしかたない。物事にはいい面と悪い面があって、そのいい面に全てを向けることが大切だし命運を分けていくと思っている。

■文字の力　言葉の力

俺が「書」の道に足を踏み入れたそもそものきっかけは、姉が左利き、いわゆる「ギッチョ」だったことにある。いまでは考えられないことだが、昔は、女の人が左手で箸を使うと「親のしつけが悪い」といわれ、縁談を断られるみたいなことがあったらしい。結婚できなかったら大変だ、というわけで、おふくろが姉の左利きを右利きに矯正するために書道教室に通わせることにした。

で、姉ちゃんがやるんだからついでに弟のおまえもやりなさいという流れになり、姉弟そろって書道を習い始めたわけだ。そうやって俺たちが書道をやっている間、そばで待っていても手持ち無沙汰だというのでおふくろも書道を始めた。

そのうち俺も姉も書の道からフェードアウトしてしまうのだが、おふくろはそのまま筆を手離すことなく習い続け、そうこうするうちに、翠軒流という流派の松下芝堂さんという偉い書家の先生の弟子となり師範に昇格。日展に母の作品が入選するところまでいき、いっぱしの書家になっていた。

それから時は流れて一九九九年、コバックキャラクターのコバサンタの生みの親で、我が社の広告宣伝を見ていただいている杉浦正先生が、俺の筆書きの文章を入れたカレンダーを作ろうと言い出した。単なる趣味の範囲ならまだしも、お客さんや取引先に配るカレンダーである。

俺は即座に断った。無理ですと。謙遜したわけではなく、本気で嫌だった。レベルが違いすぎて母と比べられることはないにしても、書道に関しては相当な劣等感があったからだ。書家の息子が下手くそな字で書いたカレンダーを配りでもしたら、アホかと言われる。世間のいい恥さらしだ。

とは言え、自身が書家であり、デザイナーとしても県内有数のクライアントをいくつも抱える杉浦先生が言うことなので、はいはいと話を聞いているうちに、気がついたら丸め込まれていた。

そのときの決め言葉が
コバックの社長が、コバックのお客さん一人ひとりにメッセージを届ける――。

年々、事業が拡大していく中、お客さん一人ひとりと関わる機会が少なくなっていたので、このカレンダーを通してコミュニケーションを取れるなら、それはそれで素晴らしいことだなと思い、一年間の半分だけカレンダー作りに取り掛かることにした。書くにあたり、杉浦先生からは、ああしなさい、こうしなさいといった具体的なアドバイスはなく、ただひと言、「小林さんが書くことに意味がある小林さんが書けば何でもいいんだ」と。

何もとらわれず、気にせず、ただ自分の感じるまま、その時の心に従って自由に書けばいいと言われた。言われた通り、筆ペンを使い、文字と内容、自分であれこれ迷いながら書き始めた。

全く上手く書けない、何度も何度も書いたが上手くいかないまま二〇〇枚を超えた。

そこでわかったことが一つあった。それは、上手く書こうと思ったらダメだということ。上手いとか下手とかいう範囲から抜けたところで勝負しないと完成しない。小学校時代、何百時間費やしても世間にさらすような作品はできなかった。だから自分の字でいいんだと。これは個性。いわゆる「味のある字」。大切なのは「誰が書いたか」なんだと。

「車への愛は自分への愛」

それが俺の第一作だった。周りの近しい人に見せたが「わあ、すごい」みたいな反応はゼロ。ぜんぜんピンと来てないというか「なに考えとんか」なみたいな感じだった。もともとウケ狙いで書いたのではないから、自分としてはいい体験をしたなと思った。カレンダー作ってよかったというのが素直な感想だ。それから十年以上、毎年自筆のカレンダーを配り続けた。

■己書が人を動かし、人生を変える

ごくたまにだけれども、カレンダーのあの言葉に救われたとか、幸せいっぱいの日々を送ることができた。心に刺さって人生が変わった。というメッセージをいただくことがある。すごいことだなと思う。不思議なことだなと。

そもそも自分の人生において筆で何かを伝えていくという計画はなかったけど、それを始めたことによっていろんな発見があった。

それはメッセージの大切さであったり、人に与える影響の大きさ、人とのつながりや縁の不思議さといったものだ。

特に毎日目に入ってくるカレンダーなんかは、俺や会社が書を通じてたくさんの人たちと影響し合えるすごい媒体なんだなということに気づいた。

自分の字で自分の思いを伝えるっていうのはすごく尊いことだ。

そこに見栄や格好つけは必要ない。大事なのはその人らしさだ。

映画や芝居を見てたってそう。登場してくるのが、全員、判で押したような美男美女ばっかりだったらどうだろう。

嘘くさいし、面白くない。美男美女もいれば、そうでもないのがいたり、美男美女とは程遠い個性的な面々がいるからこそ芝居に味というものが出てくる。一番大事なのは美しさよりも自分らしさだ。

「自分の言葉を自分の字で書く」ことは、社員に送るメッセージなどにもどんどん応用してみた。そこでわかったのが、ワープロでササッと打ったものと、自分の手で描いた文章では、内容が同じでも受け取った側の反応がまったく違うということだ。相手に伝わるときのその強さ、深度が違うのだ。

誰がなんと言っても、自分の手を使い自分の字で書くことに勝る伝達手段はない。当時はパソコンで文章を作るのが当たり前と言われ始めた頃だったので、その流れに逆行するような形になったが、だからこそ印象に残るものになる。デジタルの時代だからこそ、アナログの良さがいっそう引き立つ。このことはもっと世に広め、たくさんの人に伝えたほうがいいと思い、杉浦先生にその話をした。

「これは人間の潜在的ニーズはムチャクチャありますよ。ビジネスとしても間違いなく成功するはず」

今度は俺が杉浦先生を説得する番だった。そこには、この人は書道の世界で名を残す人だという直感も働いていた。最初のうちは

「うーん、どうかなあ」

とかなんとか煮えきらない返事をしていた杉浦先生だったが、

「ウンというまで今日は帰しませんよ」

と三時間以上、膝詰めで説得。

さらには

「筆文字なんちゃら協会という没個性的な名称はよくない『己書』という名称で、十年後には生徒数十万人」

という目標を提案し、快諾ではなかったが飲んでもらうことに一応は成功した。杉浦さんも、このままじゃほんとに帰れんと思ったのだろう。

まあ、渋々というか半信半疑、やれる範囲でやろうかみたいな感じからスタートしたと思うが、蓋を開けてみたら現在の生徒数は十万人超。俺が想像していた通りの伸び率で成長していて言い出しっぺの俺自身もびっくりの状態である。

そこからわかるのは、やはり人間というのは、人間同士のコミュニケーションの中で生きている社会的な生き物だということだ。文字や言葉を通して人とつながり、語り合い、親交を深めていく。笑い合ったり、ときには慰め合ったり……。人が書く文字のもつ力はすごい。

たとえ無機質な活字の手紙であっても、そこに筆で書かれた名前がひとつ添えてあるだけで温かみが生まれ、その印象はぜんぜん違ってくる。一本の筆が人を動かし、人生を大きく変えるのを、俺はこの目で見てきた。

だからこれからも筆だけは手放さないつもりだ。

■母との約束　母子展

俺がカレンダーを通して、再び書を始めたことをいちばん喜んだのはおふくろだった。

あるとき、病気で床に臥せっていたおふくろを見舞った際、おふくろを元気づけるつもりで俺たち親子二人で個展ができたらいいねという話をした。俺との個展を開くことは母の長年の夢だったので、それが叶うとなれば病と戦い、生きる意欲も増すだろうという考えもあった。

おふくろは大いに乗り気だったが、よく考えればかたや日展クラスの書家、こっちは筆ペンで書の真似事をやってる素人なので、あまりにもバランスが悪い。とはいえ、やろうと言ってしまった手前、個展のテーマはどうしようかという話になる。

そこで俺は、自分が幼い頃の母との出来事や思い出を詩にして、それを己書でしたためるというのはどうかと、実際にいくつか作品にしておふくろに見せた。案の定、おふくろは大喜びで母子展は絶対に実現しようという話になった。

しかしおふくろはあんなに楽しみにしていた母子展を目にすることなく、その年の十月にこの世を去った。それでも約束は約束だ。翌年の五月の第二日曜日、母の日を、その日と決めて着々と準備に取り掛かった。生まれたときから順々に年を追って、そのときの出来事を思い出しながら作品にしていった。

時間的な制約もあって、なかなか思った通りとまではいかなかったが、在りし日の母を追悼する三十作品ほどを仕上げることができた。

それなりに厳しい道のりだったが、おふくろの夢を実現するためと思うと、なんだか不思議な力が湧いてきて、俺を後押ししてくれてたような気がしてならない。

二〇一一年　母の日に母子展開催

■パラダイスはオールマイティな言葉

俺はことあるごとに「パラダイス」という言葉を口にするようにしている。挨拶代わりにも使うし、もうほとんど口癖になっている。ほんとうにパラダイスだと思ってそう言っているので、ナントカのひとつ覚えみたいだと笑われてもぜんぜん気にしないし、むしろ嬉しい。

「パラダイス」はオールマイティな言葉だ。幸せ、感謝、楽しさ、健康……いろんなポジティブ要素がこのひと言に含まれている。なんでもかんでも「パラダイス」と言ってると発想が変わってくる。「パラダイス」と言うときに、不機嫌になったり、苦虫を噛み潰したような顔になる人はいない。俺もそう。自然と笑顔になる。そこがいい。「笑い」が人の心や身体の健康に高い効果があるということは、もう多くの人が知っている。

昔はスポーツ選手が試合中に笑顔を浮かべたりすると、タルんでるとか集中しろなどと言って怒られたものだが、いまは違う。めちゃくちゃ緊張しそうな場面でも笑みを浮かべる選手をよく見かけるようになった。

笑顔のもたらす効果をわかっているのだ。ストレスホルモンの分泌が抑えられリラックスできる。免疫力が上がって抵抗力が高まる。脳の中にセロトニンだとかドーパミンが出て幸福感が高まり、ネガティブな感情が消えて気分がアガる。脳が活発になって新しいアイデアが生まれる。

そして笑顔は人間同士のコミュニケーションを円滑にする。だから「パラダイス」なのだ。パラダイスポーズがある。両手をあげるだけだが、両手をあげるとその動作事態がプラス思考になる。何かを成し遂げた、達成した！という気分になる。

さらに何事も、難しいっていうより簡単だって言ったほうがいい。イージーとかシンプルもパラダイスな言葉だからだ。

「それは簡単です」って言ったら「何が簡単だ」と聞かれるだろう。「いや、よくわからんけど、俺は簡単だと思います」と返せばいい。

簡単だっていう言葉を使っていくうちに不思議と簡単に思えてくる。そのうち「簡単なのになんでできてないんだろう」「簡単だからできるはずだ」と本気で思うようになる。そんなふうにプラスのワードを反復すると、なんかまた違う発想になってく。

世の中の常識で言ったらめちゃくちゃ難しいことでも、「できること前提」で簡単と思ったほうが、見え方が変わってくるのだ。

■常識は自分で作れ

月並みな言葉でいくと、意識が全てを変えていく。オギャア〜と生まれてから自分の意識は、親からの常識、学校の先生からの常識、友達からの常識、社会からの常識、皆が考えていることが自分の常識になっている。今迄、培った自分の常識は簡単には変えられるか？答えはＮＯである。じゃあ、その意識はどうしたら変えられるかということ。意識改革の大きな三原則——。重病で死にかける。経済的破綻をする。牢屋にぶち込まれる。そうなると意識を変えざるを得ない。大なり小なり、いろんな出来事の中でその意識がい い方、プラスのほうに変わっていく。マイナスに変わると、負のスパイラルで破綻していく。常識っていうのは、世間のみんなが思っていること。そこから逸脱すると後ろ指をさされたり、笑われたり、恥ずかしい思いをしたりする……というのもまた常識だ。そんな常識の中で生きてても、つまらない。すごい制限を受けながら、他人の目を気にしてビビりながら生きていかなきゃいけない。そんな世間の常識を超えて、さっきの夢の話でいけば、自分はこれがしたい。したいことはできるんだという「自分の常識」を作っていく。それが、自分は何者で何をしたいのかという自分探し。自分は何のために生まれてきたのかっていうことは誰も教えてくれない。

結局は自分で考えて決めなきゃいけないんだよ。これがしたい、あれがしたいっていう、その夢の中から何を追い求めるか自分が選ぶ権利がある――。そこに答えがあるんじゃないか。選択肢はいっぱいあったほうがいい。夢がゼロだと選びたくても選べない。だから夢があればあるほど、人生は楽しくなる。そうなれば思い通りになっていく。けっきょく人間って誰もが自分が思った通りの人生を送っている。「そんなわけないじゃん」という人はその人が思ったとおり「思い通りにならない人生」を心に描き「思い通りにならない人生」を送っていることになる。皮肉めいた言い方になるけどほんとにそう思う。無理と思ったら、その通り無理になる。心の底から、ってとこが大事なんだけど、心の底からできると思ったら、できる。やれる。常識を超える。ロックンロールだって、やっぱり一般の人からすると、なんか頭のネジがひとつぶっ飛んでるように見える。ああいうのもやっぱり世間の目を気にせずにやりたいことやる。ブレークスルーのひとつの形だ。日本ではロックンロールは不良の音楽だと言われるが、それは日本の常識であり偏見だ。実は、人種世代を超えた世界から愛される音楽ジャンルだ。世間の常識ではなく純粋にいろんな制約、縛りから解き放たれる。それがロックンロールだ。

■ロックンロールはパラダイス

小学校六年のとき、クラスのお楽しみ会みたいな催し物があって、そのとき初めて人前でロックンロールを歌った。歌ったのは当時、大流行していたダウン・タウン・ブギウギ・バンドの『港のヨーコ・ヨコハマ・ヨコスカ』。「小林モータース」の使い古したつなぎを調達してきて、四人の選抜メンバーに配った。

みんなおもしろがりながらつなぎの胸のところにマジックでそれぞれのニックネームを書いた。ちなみに俺は「憲」。それまでは単なる仕事の作業服でしかなかったつなぎをオシャレに変換させてくれたダウン・タウン・ブギウギ・バンドには子どもながら心から嬉しかった。

宇崎竜童役の俺が、ギターの代わりにほうきを持って歌ってみた。

「アンタ、あの娘のなんなのさ」ってね。それだけでバカ受けだった。YouTubeもTikTokもなかったけど、いや、なかったからこそのいい時代だったと思う。

そこから後に出会うことになるマッちゃんの影響で本物のギターを持つに至った。

高校時代は豊田市のあらゆるコンサートとかライブハウスに出るようになった。ロックンロールを中心にやったので、どのバンドよりも目立ったと思う。俺のいとこ「てるちゃん」は、母利子の姉悦子さんの次女だが、チェリッシュと同時期に歌手デビューしてレコードになっていた。

若さゆえの妄想で、このまま行ったら俺もプロになるんじゃないか?という思いもあった。自分は自動車整備工場の跡継ぎなんでどっちにしても無理だという諦めがあった。いつかどこかでみんなとは別れなきゃならない運命なんだという寂しさがあった。職業の選択肢がないのはツライと悩んだ時期だ。プロが何かもよくわかってないうちから。

高校二年の時に原宿を口火にロックンロールブームが起こった。それが名古屋、豊橋にも飛び火してきた。当時、エルビス・プレスリーの『ジス・イズ・エルビス』という映画が日本でも公開されてヒット。ストレイキャッツっていう、ネオロカビリーもすごい人気だった。そんなブームに乗って、沢田研二が出した『ストリッパー』って曲なんか、もう完全にストレイキャッツの『ランナウェイボーイ』のパクリ……いや、影響をめちゃくちゃ受けてたね。ちょっと路線は違うけどチェッカーズも元々ロックンロール。『ギザギザハートの子守唄』とかね。横浜銀蝿のツッパリハイスクールロックンロール。ちょうど高校時代ぐらいにロックンロール、オンパレード。

テレビをつけば毎日ロックンロール！理屈抜きに楽しい。演奏が始まると同時にみんながツイストを踊り出す。演奏する側も聴衆も踊り手もみんなが同時にエキサイティングな時間を過ごせる。普通の音楽じゃ見られない光景だった。

頭の中にまだパラダイスっていう概念はなかったけど、いま思えばまさにロックンロールはパラダイスそのものだった。

豊田市民音楽祭　右にまっちゃん　筆者中央

■台湾ラーメンパラダイス

よく俺達は「ロックな生き方」とか「ロックな精神」っていう言い方をする。じゃあ、実際、ロックってなんだろう。他人の目線や思惑にとらわれないで、自分の価値観と意志を貫き通すこと。

自分は自分として、自分らしく生きること。

これだと思ったら実際に行動し情熱を注ぐこと。

世の中を少しでも住みやすい世界にすること。変えること。

だいたいそんな言葉が並ぶんじゃないだろうか。これこそがロックだという正解はなくて、それぞれが自分のロックを見つけ出すことが大事なんだと思う。仕事であれば、常に新しいことにチャレンジし続け、そこでなにが起きるか、その変化を楽しむこと。自分が愛してやまないことや、心からやりたいことを夢中になってやる。いまの俺にとってその愛してやまないことのひとつが「台湾ラーメン」だ。

死を前にしたとき、最後になにを食べたいかって話がある。いわゆる「最後の晩餐」ってやつだ。俺自身はそれをもう台湾ラーメンと決めてある。

ルーツは台湾料理だが名古屋発祥のいわゆるソウルフードだ。前に海外旅行に行ったとき、海外で何が食べたくなったかっていうと、この台湾ラーメンだった。味噌汁でも鰹出汁の効いた蕎麦でもなく、台湾ラーメンが無性に食べたくなった。帰りの飛行機の中からずっと台湾ラーメンのことばっかり考えていた。それくらい俺は台湾ラーメンが好きだ。ニンニクをたっぷり乗せた台湾ラーメン。翌日、ニンニクの匂いで家族からバッシングを浴びてでも食べたい。死ぬ間際の人間がそんなこってりしたもの食えるかよと笑われるかもしれないが、確かに食ったら生き返るかもしれない。

行きつけだった豊田市の名店「味珍」の創業オーナー横山さんが、後継者の問題で悩み、私に声をかけてくれた。

「味珍」を引き受けてくれないか？

迷うことなく「ありがとうございます！」と返事した。経験のない飲食店の事業の継続を引き受けることにしたのも、俺の台湾ラーメンに対する強い愛があったからだ。

現在は「台湾ケンさん」としてバージョンアップしている。選べるニンニク、選べる辛さ、選べるスープ。トッピングも豊富で「台湾パラダイス」状態だ。

できることならこの味を日本全国に広めたい。そんな思いもある。スープも麺も肉も、やっぱり日本の素材だとか味付けを超える国はない。味の追求に関して和食が世界無形文化遺産に登録されたように、日本人ならではの味覚、感性を活かして追求していきたいし、まだまだその余地があると思っている。

だから目下の俺の夢は日本中に台湾ラーメンパラダイスを広げることなのだ。

台湾ケンさん　豊田梅坪駅前店

■ノー・ドリーム　ノー・ライフ

いまでこそ夢の宣伝マンみたいなことを言っている俺も、もともとは夢見るタイプの人間じゃなかった。日本で一番の車検屋になるという夢が芽生えたときも、実をいうと心のどこかその言葉を信じきれてない自分がいた。

だけど、例えその夢が叶わなかったとしても、そんなデカい夢を持てること自体楽しいことじゃないかと思い直した。実現するかしないは横に置いといて、どんな夢を持つかで人生は変わっていく。人に笑われようが馬鹿にされようが、自分がこうなったらいいなっていうことを素直に考えるようになった。遅かれ早かれどういつかは死ぬんだから、ノードリームよりも夢を追い求めていった方が楽しい。

「ノー・ドリーム　ノー・ライフ」そう思うようになった。

若い頃、いつかはロックンロールの表舞台に立ってみんなでハチャメチャに楽しみたいと願っていた。

結果的には俺たちはメジャーデビューすることはできなかった。だけど俺たちのバンドもそこそこ名前を知られるようになって人気が出て、自分自身、詞を書いたり、曲作ったり、歌ったり、それを人前で披露することで、それなりに応援してくれる人たちもいる。いい体験をさせてもらった。だから夢が破れたとは思ってない。

ロックンロールダンスのチームは、最初ラジカセ一台、俺とヒデ、たった二人のメンバーから始まった。名古屋のセントラルパークの片隅にラジカセ置いて、踊り始めたばかりの頃は好奇の目で見られた。半分バカにするような目で見てたやつもいた。でもそんことおかまいなしに続けて、蓋を開けてみたら一年後には名古屋最大のロックンロールチームになっていた。

バンドでもダンスでもそれなりの努力はした。そのぶん自分がうまくなるし、うまくなれば人からも評価される。そんな経験をロックンロールという舞台で体験できた。あるとき、なにがあそこまで俺をロックンロールに駆り立てたのか、考えてみた。

高校一年のある日、ふとこんな言葉が頭に浮かんだ。

俺の人生ぜんぶロックンロールに注ぎ込もう――。

ひとつの目標に向かって突進しているときというのは毎日がエネルギーに満ちていて、充実している。「好き」とか「楽しい」が推進力を高めるエネルギーになるという意味では、仕事もロックンロールと同じだ。俺の仕事のルーツはそこにある。

■バレンタインデーの奇跡

ダンスにせよ、書道にせよ、まだヘタだから人前ではちょっと……なんて言ってたらいつまでたっても始められない。誰でも最初はヘタに決まってる。初めてやったその日は世界で一番ヘタなわけだし、自分史上最低なのが当たり前。逆に最も伸びしろがあると考えればいい。

とにかく前に進んでいくうちになにかが変わる。世の中、ほんとに何が起こるかわかんない。バレンタインデーの奇跡だ。中学卒業まで女の子と付き合ったことはなかった。高校も男子校の工業高校というのもあり、それまで女の子とは殆ど縁のなかった俺が、ある年のバレンタインデーに十七個のチョコレートをもらった。

プレイボーイのマッちゃん。ドラムのアキ、ギターのイシも男女共学でそれぞれ女の子と仲良くやってる。そんなバンドメンバーを横目で見ながら、なんで俺だけ……といつも思ってた。バンドだとかロックンロールに女の子はつきものという常識が俺には通用しなかったのだ。残念ながらそのことは自他共に認めていて、俺は青春時代を鬱々と送るしかなく、口には出さなかったけど、心の中ではほんと惨めな青春だった。

だからあの十八歳。一九八二年の二月十四日のバレンタインデーは奇跡としか言いようがない。ちょうど日曜日で栄で踊っていた。夕方、日も暮れて踊り終って帰ろうとした瞬間、一人の女の子が寄ってきてチョコレートをくれた。そしたら、また次の女の子が俺の目の前に来てチョコレートを渡してくれた。次から次へと女の子が目の前に現れチョコレートを手渡してくれたのだ。両手に持てなくなるくらいいっぱいになった。全く期待なんかしてなかったぶん、もう世の中なにが起こるかわからないということを身をもって教えられた。なんかの冗談じゃないかと思った。これはドッキリテレビなのか？信じられずに疑ったが、真実だった。

小さい頃から土に埋もれた極寒の山小屋に閉じ込められ一生涯そこで生きるしかなかった男が、ある日偶然に扉が開いたのでふと外に出てみたら、太陽はサンサンと輝き、キラキラと輝く多くの妖精に囲まれたような…そんな夢のおとぎ話のようなことが実際に起きたわけだ。

あれは俺にとってありえない出来事だった。

保険屋のおばちゃんが配るような義理チョコなんかひとつもなくて、それぞれに手紙が添えられてて電話番号も書いてあった。誰が誰だかハッキリわからないが今迄、少しは接点があった女の子もいて電話したり、食事に行ったりした。さすがに十七人全員と付き合う事はできないし複数すぎて誰に何をしゃべったのか、誰が誰なのかわかんなくなり混乱していった。

十七人のチョコレートは有難かったがやっぱり本命は一人がいいなって思った。俺にとって贅沢な思い出の経験となった。

■人生の幕引き口上

俺が目指しているのは後悔しない人生。

死ぬ間際に「よかったな」「面白かったな」って心から思える人生。それがどんな死に方であれ、最後に吐き出す息でつぶやく言葉も決めてある。

「パラダイス」

それが俺の人生最期の幕引きの口上。ちなみに「面白きこともなき世を面白く」という句で知られる高杉晋作の最期の言葉「面白いのう」だったそうだ。悔いを残さないためにも、やりたいことをやる。いくらパラダイスと言っても、やりたいことを何もせずにパラダイスにはならない。やりたいことをやれば、それがパラダイスだって。つまりパラダイスは最初からそこにあるものなんじゃなくて、自分で作るもの、見つけ出すものだと思ってる。

パラダイスな人間の最期っていうと、家族や仲間に見守られながら穏やかに息を引き取って天寿を全うするみたいなイメージがあると思うけど、俺は必ずしもそうじゃなきゃいけないとは思ってない。どんな死に方であってもパラダイスはパラダイスだと思うようになってきた。

その原因がすごい苦痛を伴う病気、あるいは災害や事故といったことでも死ぬときはぜんぶパラダイスだと思えるようにしていたい。暴走車に跳ね飛ばされて宙を舞ってるときであっても、地震で地割れに落ちかけているときも、誰もいない野原で行き倒れたときも、心の中で「パラダイス」と叫びながら死んでいきたい。

人間はいつか必ず死ぬ。ただ一人の例外もなく一〇〇パーセント死ぬ。平穏な死だけしか受け入れられない、なんて言ってたら、それ以外のときは不幸な死に方ってことになってしまう。誰もが畳の上で死ねるわけじゃない。マッちゃん、おまえもそのひとりだった。でもおまえは間違いなく天国にいる。

だから、いつなんどき自分に死が訪れたとしても俺はその瞬間をパラダイスだと受け止めたい。

■若者たちの夢

将来の夢はと尋ねられた子どもは実現可能性みたいなことは考えないから素直に自分が本当になりたい憧れの職業を挙げる。

それがだんだん成長していくうちに挫折を重ね、夢なんてそう簡単に叶えられるほど世の中甘くないということに気付かされる……。というよりそう思い込まされるようになる。自分の夢を叶えられる人間なんてラッキーなほんのひと握りのエリートなんだと。それで夢をあきらめる。

そして多くの人は路線変更してより実現可能性の高い夢をもつようになる。

例えばいい会社に就職する、もそんな夢のひとつだろう。

「いい会社」の概念っていうのは、常識的には世間で名の通った一流企業と呼ばれる会社に入ること。

そのためには、勉強していい大学に入って……。それがひとつの夢になっている。就職がゴールだから、そこから先のモチベーションが生まれない。例えば「大会社に入るのが夢です」っていう人に大会社に入って何がしたいのと聞くと「いや、それは考えたことありません」といった答えが返ってくる。大会社に入るのが夢なので、入ったら上から言われたことを指示通りやります、みたいな。だから創造性がない。世間から見た「良い」を基準にした夢。それでいいんだろうか。例えばその人がどうしても入りたくて入った会社が、世間から見たらただの無名の零細企業だったとしたら、誰もそれを夢の実現だとは認めない。そんなのって虚しい。

俺の思う夢はそうじゃない。小学校の時、父母が創業した小林モータースの跡継ぎになるのが俺の将来の夢だった。全社員五人と共に生きようと、十五歳で工業高校入学十八歳で社会に出て、朝一番出社をしながら真っ黒になって働いた。社内の誰よりも早く車検や修理をした。給与数万円だったが、楽しかったし夢に向かって一所懸命働いた。世間からしたら「そんなの夢とは言わないよ」ということでも俺は大事にしたい。

大きな夢も小さな夢も大事にする。世間からしたら、そんなの夢じゃないと言われるようなこと、人に誇れるようなことでもなく、とりとめのない些末なことでも大事にする。

小さいことを大事にしないと、大きいことは成し遂げられない。

大きい夢っていうのは、小さな夢の結晶だからだ。

野球のバット握っていきなり振ったらホームラン、なんてことはあり得ない。ホームランが打てるようになるには、やっぱり小さなことの積み重ねがいる。まずはバットにボールを当てること。次にボールを前に飛ばすこと。そんな小さなことをクリアしていきながらホームランに近づいていく。だから、小さい夢も大切にしなきゃいけないし。小さい夢こそ大切にしたい。

自分のドリームウェイを確立して、自分はこれを成し遂げたいんだって思うことが素晴らしいし、とてつもなく重要なこと。

ドリームノート毎日こうなったらいいなとかね、こうしたいなっていうことを書いていくと、自分が何をしたいのかがどんどんわかってくるので、迷いがなくなる。

ゴールのない山登りほどきついものはない。いつ着くか、どこに行くかもわからないまま、ひたすら坂道を上るだけなんて辛いだけだ。

いつまでにここに行くという明確な目標があれば、多少予定がずれたとしても、その道中はずっと楽だし楽しいはずだ。

だから人生も夢とか目標をもつことが大事だと思う。

自分がどこに向かおうとしているのか見えてくるから迷わなくてすむ。

後はそこに向かって歩いていけばいい。

かつては十年一昔といったが、現在の世界は一日単位で目まぐるしく変化する、まさに激動の時代だ。十年後の未来にいまの社会がどうなっているか断言できる人なんてどこにもいないだろう。

だから多くの人が心のどこかに不安を抱えている。

でも、自分の中に夢という希望があれば、その不安に押しつぶされることはないだろう。俺はそう思って生きてきたし、これからも変わらない。

■青春時代の3点セット

俺の中に残っているのは、いつも膝の上にギターを乗せているマッちゃんの姿だ。マッちゃんとの思い出で忘れられないのは、中学のときの特殊学級。そこには使い古されたクラシックギターが数本置いてあって二人して忍び入っていっては弾いてた。時に特殊学級の生徒たちから盛大に拍手された。放課後、キャロルのポスターが貼ってあるマッちゃんの部屋で、よく話をした。その時もいつもギターを膝の上に抱えてた。いま思えば、青春真っ盛り。いろんな夢を語り合った。自分で作詞作曲したって曲をサラッと弾き語りして、これこんど彼女にプレゼントするんだ……。みたいなキザなこと言うんだけど、なんだか妙に堂に入ってて、やけにまぶしく見えたことを覚えてるよ。

あれから四十年以上生きてきて、あらためて思うのは、マッちゃんほど純粋に音楽に対して真剣で情熱的な男はいなかったってことだ。色白でジェームス・ディーンみたいな甘いマスク。最高のボーカリスト。ルックスもいいし、ギターのテクもプロ級だ。中学時代から誰が聴いても凄いというレベルだった。

俺がいまボーカルをやってるのは、おまえがいなくなった後の穴埋めだ。追悼ライブやる時に、なんとかしなきゃいけないって感じで歌い始めたけど、おまえが開けた穴は大きすぎた。俺なんか足元にも及ばない、そんなことは初めて出会った時からわかっていた。別次元のミュージシャンだったってこと。なにかに取り憑かれたように、新しい音や歌を作りながら自分の道をひた走っていく。きっとそんなスリリングな毎日を送っていたんだと思う。

で、新しい曲ができると、いつも俺に聞かせてくれた。次はどんな曲作ってくるんだろうって、どんな手で驚かせてくるかな……なんてな、待ってる間もけっこうワクワクさせられたよ。

音楽とバイクそして女のコ。これが俺たちの青春時代の三点セットだったわけだが、マッちゃんはとりわけ女のコにはアグレッシブだった。まあ、黙っててもぜんぜんモテたと思うけど。俺が知る限り、中二の頃からもう特定のカノジョ、ロックンロール風に横文字でいえばステディがいてよろしくやってた。だからおまえはいろんな意味でセンパイでいろんなことを教えてくれた。ひと言でいうとプレイボーイ。

それから十年後、二十代半ばになって落ち着いてきた頃おまえが作った曲には思わずニヤリとさせられた。その曲の中にこんなフレーズがあった。

――プレイボーイなんかじゃない。わかっておくれ～

あるひとりの女のコに向けて書いたらしいんだけど、要するに俺は付き合っても安心な男だぜっていうアピールソングだったんだよな。

おまえにはそういう憎めないところがあった。

バンドという絆で結ばれた俺たちは、色んなことをしながら青春時代を共にすごしたけど、高校卒業と同時にいったん区切りをつけることになった。

それぞれの新たな道を歩むためのバンド解散だ。

解散コンサートが終わって「じゃあ、またな」とみんなに別れを告げたとき、なんだか青春の一ページってやつが終わったような気がして、切なくて寂しくて心に隙間風が吹いたような気がした。

■週に一度のパラダイス

刈谷の自動車整備工場の寮に入って仕事を優先せざるを得なくなった俺は週に一度の休日を、ヒデと始めたロックンロール族のほうに費やした。遊びで始めた二人のダンスチームが、一人増え、二人増えするうちに五十人にまで増えて名古屋で一番大きなチームになった。職場は刈谷市でロックンロールは名古屋栄だが、なぜか職場まで俺のロックンロールの噂が舞い込んだほどだった。

少し前にも話したがグループの名前は「ジュリア」。キャロルのジョニー大倉さんがキャロル結成前に組んでたバンドの名前にちなんで付けた。バンドはメンバーが一箇所に集まって、ああでもないこうでもないと言いながら練習して合わせていかなきゃならない。ぶっつけ本番ができないから。

その点、ロックンロール族は全員そろわなくても踊れるから自由度が高い。けど、制約もあった。ファッションだ。男のこだわりってやつで一年中、黒の革ジャンと黒の革パンツ。真夏でもそれで通した。

夏はもう汗でビショビショ、乾いてくると革の表面に塩が吹き出して塩スピューという塩昆布みたいになる。毎週革ジャンがヨロヨロになっていく。コンクリだとかアスファルトの上でツイストするから靴なんかもすぐボロボロ。でもそれが足に馴染んで、踊りやすい。古くて年季が入ってるほうが、人から見たら単なる小汚い靴でも愛着がわく、というより自分の体の一部という感じでこよなく愛してた。「オシャレとは我慢である」って誰か言ってたけど、まさにその通りだった。他人から見たらボロ雑巾みたいだったと思うけど、俺にとってはあそこが自分の唯一のパラダイスだった。

ローラー族といえば、サーキュラースカートにポニーテールのロカビリースタイルの女のコが付き物だったけど、俺たちのグループには「黒革の掟」があったんで、必然的に女子のメンバーはいなかった。硬派を気取ってたわけじゃないんだけど。

当時、ローラー族のメッカといわれた東京の原宿にも遠征した。一緒に高校の文化祭で踊った仲間四人と豊田から夜行列車に乗ってさ。ＪＲがまだ「国鉄」って呼ばれてた時代だ。そのときのメンバーの中にはもちろんヒデもいた。クリームソーダとかペパーミント、チョッパーなんていうローラー族御用達の店があって、それが原宿のロカビリーブームを牽引してる。

そんな時代だった。

■マッちゃんの死

マッちゃんの訃報が届いたのは一九九三年四月十八日の朝だった。

「〇〇さんからお電話です」

一瞬、朝早くから何なのかな?と思いながら受話器を取り、赤く点滅している外線ボタンを押すと聞き覚えのある女性の声が聞こえてきた。その声はか細く、そして震えていた。ただ事ではないことを直感した。

「……あのね、松崎くんが亡くなったらしいの………」

突拍子もない言葉に驚きと疑いのあまりしばらく声が出なかった。冗談かと思いたかったが、そんな雰囲気ではなかった。ストレートに真実が伝わってきた瞬間だった。

「工事現場で事故に遭ったたって……」

橋桁を支えていたワイヤが外れて、その下敷きになったのだという。即死だった。口の中がカラカラに乾いて返す言葉が見つからない……。

つい何日か前にもうちにやって来て新曲を聞かせてくれたばかりだった。当時出始めたマルチミキサーを使ってギター、ベース、ドラムからボーカル、ハモリまで全部自分ひとりでやって録音したことを嬉しそうに話していた。

「アイツ、今週、ライブやるって言ってたのに……」

それももうできなくなってしまった。こんなことってあっていいのだろうか。ついこの間まで元気でピンピンしていたマッちゃんが、突然、まるでマッチの炎を吹き消すかのように一瞬でこの世界からいなくなってしまうなんて……。悪い夢を見ているとしか思えなかった。

マッちゃんの死は俺の人生観っていうのか、死生観を大きく変えた。それまで当たり前だと思っていたことが当たり前じゃないんだっていうことに気付かされた。人間なんていつ死んでしまうかわからない。一年後の今日……いや明日ですら、こうして自分が生きている保証なんてないんだということを腹の底から思い知らされた。二度と戻ってこない今日という日を、いまこの瞬間を大切に生きること。それがマッちゃんの死を無駄にしないこと、報いることだと思った。

ヤツの葬式では親族からの依頼で俺が弔辞を捧げることになった。俺が一番だったとは思っていないが弔辞を受けるとは人生で深くかかわった人間の一人として選ばれたのだ。こんな大役を俺なんかがやっていいのかと何度も自問しながら、それでも親族からの言葉を受けた以上、自分なりの言葉で語りかけた。弔辞の原稿を書いているとヤツとの思い出が走馬灯のように走った。と同時に、自分を責め始めた。もっと大切にすれば良かった。とか、あの時の言葉に寂しそうな顔をしていたな。後悔のシーンがたくさん蘇った。

本番の弔辞は人生初のことでもあり頭が真っ白で自分が何をしているのか申し訳ないという気持ちでいっぱいだった。その時の俺の気持ちを赤裸々に語った。女子友達のすすり泣く声が聴こえてきた。俺の目には涙が溢れだし、声が止まった。言葉にならなくなった。最後まで伝えることに必死だったことを覚えている。

「マッちゃんは俺にとって永遠のリーダーだよ」

最後にそんなメッセージを伝え、棺桶で静かに眠るマッちゃんの姿を前に最後の別れを告げることができた。

二十九歳で、車検フランチャイズの立上げ成功のとき、十六歳から自動車

整備士だったマッちゃんが
「こばやんは初めて会った時から、なんか大きなことをやる奴だど思ってた」

とつぶやいた。

「ほんとかよ」

と笑って返しはしたが、それは俺にとって最高の褒め言葉だった。

■長寿の日本記録を塗り替える

俺の健康身体面の究極の夢は百二十歳以上長生きすること。日本人の平均寿命の常識を塗り替える。そこにワクワクしている。なんでそんなに長生きしたいのか、答えは簡単。早死により長生きのがいいから。ただそれだけ。

マッちゃんがあの世に行ってしまったとき、

「俺はマッちゃんのぶんまで生きる」

と心に誓ったのは誇張でもなんでもなくその流れでもある。これまでに世界中の誰もやったことがないことかもしれないけれど可能性をかけてやってみたい。健康についても、「オリジナリティ」とか「クリエイティビティ」の極みみたいなことに挑戦するのも楽しい。常識的には百二十歳以上なんて考えてはいけない！というようなことを視野に入れてる。

平均寿命という常識の枠内で考えるか？

それとも頭から常識をとっぱらったところから考えるか――。

どっちが面白い発想が出てくるかといったら、もう答えは決まってる。

「平均寿命」は事実だが、そもそも何の意味もない。生まれてすぐ無くなってしまう方もいるのだから平均寿命以上に生きている人が半分以上はいることになる。だから平均寿命までは生きれてそれ以上生きるのは奇跡だ！というような常識に自分の人生を左右されてはならない。

とにかく自分の人生は、自分が決めるものだ。例えば普通の人がいわゆる人生設計を考えるとき、六十歳なり六十五歳で現役を引退して後は無理せず余生を楽しく過ごす……。みたいなことを考えるのが一般常識だが、それは八十とか八十五歳を寿命と考えているからそうなるのであって、百二十歳以上生きることを前提としたら六十五歳で隠居生活なんてことはありえなくなる。

人生せいぜい八十年と考えたら、いまさらなにかに挑戦したり新しいことを学ぶことにも数年のこととなると消極的になってしまう。「明日死ぬと思って生きよ、永遠に生きると思って学べ」という言葉があるけど、まさにその通りだと思う。

■他人の「普通」に人生を縛られない

早めに仕事をリタイアして遊んで暮らすという考えがある。最近では「ＦＩＲＥ／ファイヤー」などといって日本でも流行り始めてるらしい。若いうちに資産形成して早期リタイヤ。その後は一切仕事をせず、投資運用益で生活するスタイル。けど、実際は仕事を通じて社会と繋がってた方が、楽しいはずだ。

社会から孤立することをわざわざ自分から選択するなんてつまらない。確かに家の中でじっとしていれば安全だ。交通事故にも遭わないだろうし、ひったくりや通り魔に出くわすこともない。それでも部屋から出て、社会とは繋がっていたほうが楽しいし、たくさんの人とも出会える。

やっぱり生きてる以上、社会や人と関わってないとどんなに経済的に恵まれていても人生ってつまらなくなるんじゃないか。「自分ももうトシだから」とか「いいトシこいて今さら」とか……自分で自分に制限かけて寝たきりのような生活に疑問を思う。

世間の常識に従い、それに流されながら生きてきた人生――。

もし自由に生きられるなら、いったい本当の自分はどんなふうに生きたかったんだろう、とふと思う。

それが死ぬ間際に気づいたら最悪だ。なんでもっと好きなことをしなかったんだろうとか、あの道を選ばなかったんだろうって、後悔しながら死ぬのは勘弁してほしい。深く考えずに「普通はそうするもんだ」って、普通を基準に自分の人生を決めるのはアホらしい。

一度きりしかない自分の人生、その物語の主人公は自分自身じゃないか。

「世間一般がそうだからこうする」を俺は自分が出す答えの根拠にはしない。
常識という壁に囲まれた中で人生を作らない。
あるひとりのミュージシャンが言った。
――ロックとは自分の衝動を信じること。
俺もそうありたいと願っている。

■トシをできない理由にしない

太古の昔から「不老不死」や「若返り」は人類永遠のテーマだ。一定の年齢に達すると、誰もが「自分ももうちょっと若かったら……」と思うことがちょいちょい出てくる。年齢なんか、できないことの言い訳でしかない。

「別に若くなくてもできるでしょ」

そう言われて反論できないことって案外少ないものだ。誰でも年は取るし、身体は老化する。でも年を理由に夢を諦めるのは誤った自己認識。心まで老化しちゃダメだ。

だからこそ俺はドリームノートを書く。自分がやりたいことを、なんのためらいもなく、遠慮も自制も制約もなしに、ただただ思いつくままに書き連ねていく。小さな子どもが、背伸びして空に浮かんだ月に手を伸ばそうとするように。そんな無邪気さが大切なんだと思う。不可能だから諦めるという考えが根本的にない。若いうちにはできなかったことが、年を重ねてきたからこそできるステージに立てる。だから、年を食えば食うほど、夢は実現しやすくなるという風に俺は考えてる。

定年後の人生について、最近、自分の周りの人間を見ていて思うことがある。いわゆる大企業という、大きくて安定した組織に属していた人ほど、同年代の人たちと同じように振る舞うことが一番正しい選択だと思っているように感じる。

要するに常識の範囲の中で生きている。日本の社会や会社にありがちな「同調圧力」の影響という見方もあるけど、あえて自分から同調していこうとしているほうが強いように思える。一人だけはみ出すのは嫌だ。みんなと一緒のほうがいい、安心できるんだという人には余計なお世話かもしれないが、ハッキリ言って面白そうじゃない。

「みんなと一緒」でも明るい方へ向かうのならいい。

けど、暗いほう、ネガティブな方へ引っ張られるのは危険。自分たちはもう年だし、お先真っ暗みたいなこと言ってソコソコ辛抱して生きていこう。なんて傷を舐め合う姿は見ていて寂しくなってしまう。常識的に生きていれば、人の和を乱すことがない。だから一定の集団の中で生きていくのに常識は重要なんだろう。常識の枠からはみ出せば、その集団からも外れるということなので、集団の和を乱す者として嫌われる可能性は高い。出る杭は打たれるというやつだ。あいつには常識が通用しないから話をしてても気分が悪いとかね。偏屈だと言われる。

それが怖くてみんな人と違うことや変なことを言ったりやったりしないように身を潜めて生きているわけだ。かく言う俺も、相当クレージーとか変人だと思われてるようだけど、ぜんぜん気にしない。

というより逆だね。そう言われてナンボ、くらいに思ってる。常識を超えて生きるほうがはるかに楽しいから。だから定年退職の年になったから、自らシャッターを下ろして明るい未来を消し去ってしまうような行為は、絶対したくない。

どんなにみんなが俺を説き伏せようとしてきても、俺は受け入れたくない。

■新しい生活の1ページを始めよう

百二十歳以上、生きるという夢を掲げる前まで長寿の目標は一〇一歳だった。一つ下の妻の百歳の誕生日を家族親族全員で祝うことを目標にしていたからだ。十年ほど前に乳癌で余命宣告されたという七十代後半の女性に会ったことがある。彼女はそのとき

「医者がなんと言おうと自分は死なない。生きるんだ」

と宣言して病気を克服したどころか、自分は百二十歳以上生きる。誰がなんと言おうと、これだけは絶対に変えられんというすごい信念を持っていた。それ聞いたとき、素直に「おお、いいな」と思った。俺も百二十歳以上生きてみたいと。そうやって夢寿命を百二十歳に変更したら、物事の見方、感じ方が変わってきた。百二十歳以上、長生きをするために自分に足らない、そ

して必要なすべきことがいろいろ見えてきた。太く短く、じゃないが「俺はいつ死んでもいいから、好き勝手に生きる」と言うのもいいんだけど、そういう人はとかく不健康な方に走りがちになる。俺もたいがいだけど、「好き勝手」というのは必ずしも不健康に生きるってことじゃない。好きなだけ飲んで、食って、運動なんかめんどくさいからやらない……。どうしても目先の欲望、快楽にとらわれる。結果、それが悪循環になって身体を壊す。それで死んだら本望かもしれないが、極端な話、そのまま下手に生き残って寝たきりにでもなったらどうするんだろう。望みとはまったく逆の生き方をしなくちゃならなくなる。やっぱり健康に長生きすることが大事で、それで寿命が一年延びればすごいことだと思う。

余命、数ケ月と言われた人が、あと何年か寿命が延びる方法があると知ったら全財産をはたいて糸目をつけずに支払うだろう。ある意味お金持ってても死んだら使えないから。実際、投資の神様といわれるウォーレン・バフェットが、十兆円の資産がある九十歳の自分より、一文無しの二十歳の若者のほうが値打ちがあると言ったそうだ。たぶん、いや、間違いなく本音だと思う。百歳から百二十歳。この二十年の差はめちゃくちゃ大きい。

格段に今後の人生の可能性が広がっていく。現在の日本の男性の平均寿命が八十一歳。俺が生まれた年の平均寿命が六十五歳といわれてたので、世が世ならそろそろお迎えが来てもおかしくない頃だ。だからあんたも六十歳過ぎたらそんなに張り切って新しいことに挑戦、みたいなことを言ってないで、足元をしっかりみて現状維持で余生を過ごせば楽ができていいんじゃないですかとなるのが、世間の常識。現状維持でも悪くはないが、じっとしていて現状維持ができるのは若い人だけ。何もしないでじっとしてたら体力は落ちていく一方だ。適度な運動をして体力をつけて体調管理したほうが人生を楽しめる。

当然、食べるものにも気をつける。健康な人は健康的な食べ物の味を好むし、健康的な食べ物を食べてると健康になる。医食同源ってやつだ。アメリカでよく見かける病的な肥満の人が食べているのは、たいてい高カロリーのファストフードやジャンクフード。そういう人は生野菜だけ食べて、ああ、美味しいとはならないと思う。真に健康な人なら手の込んだドレッシングなんかかけなくても、自然野菜を生でかじっただけで新鮮な風味とか香りを楽しめて幸せな気分になれる。食べ物に限らず、自分が何をチョイスするかによって喜びも変わってくる。変化を恐れず、いいと感じたことは年齢を忘れてどんどんトライしたほうがいい。例えばある人が奥さんに、明日から早起きしてジョギングしようと思うと告げたとしよう。奥さんは「ハア？」となって旦那に言う。あなた、今までさんざん不健康な生活してて、いまさら何を言い出すのよ。そんなことしたら逆に心臓麻痺起こすわよ、みたいな言葉を返す。ドラマなどでありがちな場面だが、ここで旦那もヘソを曲げてはいけない。だからこそ、俺も考え方を変えてやってみようと思ってるんだよ。君にもきっといいと思うから夫婦で一緒に走らないか……。こんな会話が発端となって、新しい生活の一ページが始まったらどうだろう。

今日という日が、未来から見たらすごく大切な一日だったね、となるかもしれないし、そういうのって夢があっていいなと思う。

■天国に届くまで

マッちゃんが旅立ってからちょうど十年目にあたる二〇〇五年。かつてのバンドメンバーが集まってマッちゃんの追悼ライブをやることにした。松崎俊夫という名前を出す以上、おざなりにやるわけにはいかない。マッちゃんに捧げる追悼ソングをつくりたいと思った。できるかどうか、正直自信はなかったけど。勇気を持って作詞作曲にチャレンジした。練習やリハのことを考えると、最低でもライブ当日の一週間前までには完成しないと無効だ。

毎夜、毎夜、家族から文句が出ないよう、みんなが寝静まってから風呂場の脱衣場でギター片手に曲を作った。

ライブ当日一週間前のリハの前日、自分なりにようやく完成。

メンバーからも快くＯＫがもらえた。

そしてライブ当日。在りし日のマッちゃんを偲ぶために集まった百数十名もの人で満杯となったライブ会場で俺たちは演奏した。本来ならマッちゃんがやるはずの「オンリー」のボーカルも、今日は俺が務める。

（おまえの足元にも及ばない下手っぴだけど、どうか笑わないで聴いてくれ……）

そんな気持ちで俺は『天国に届くまで』を精一杯の心を込めて歌った。

〝あれから　どれくらい　経ったのか
いまも　信じれない　信じたくない

突然の　知らせの　電話に
言葉に　ならない　時がすぎて

お前と出会った　あの日から
お前と見た夢を　忘れない

天国に届くまで　お前のことを忘れない
天国に届くまで　俺達は走り続ける

いまでも　おまえの　あの時の
横顔が　浮かぶ

まだ　伝えたい　ことが　あったのさ
おまえと　出会えた　喜びを

お前と出会った　あの日から
お前と見た夢を　忘れない

天国に届くまで　お前のことを忘れない
天国に届くまで　俺達は走り続ける〟

まっちゃんこと松崎俊夫

左から
ギター／イシ
ドラム／アキ
ベース／筆者

■エピローグ

ある人から、今の自分には友だちがいないっていう話を相談されたことがあった。社員や取引先との人間関係はうまくいってはいるけど、仕事や利害関係の全くない人間関係で「お前のためならなんでもやるぜ」みたいな友だちがいないと……。

その話を聞きながら考え込んでしまった。今さらながらだが、友だちは人生にとって本当にかけがえのない存在だ。カネでは買うことができない最高の宝だと思う。知り合ってから四十七年間、いまだに途切れることなく続くバンド仲間たちとの友情。たまたま学校で出会った赤の他人同士が、利害を超えて作り上げた関係。

何かあったらお前のためなら俺はいつでも飛んでいくぜ！

と言い合える、そんな友だちのひとりだったマッちゃんは、俺にとって貴重な存在だった。作詞、作曲、リードギターでボーカルなんでもこなす彼が俺には唯一無二の最高のミュージシャンだった。俺たちバンドメンバーはそのまま年を取り還暦を迎えることができたけど、マッちゃんはあの時のまま俺の中で生きていて、今でもリーダーだと思っている。

月に一度の墓参り。ひとり語りに他愛もない話をしたり、マッちゃんが作った曲を歌ったり……。そうやってお墓の前で向かい合ってるその時は、マッちゃんが生きていて一緒に時を過ごしている気がする。天国とのマッちゃんと繋がっている感じがする。そして、マッちゃんがそこに生きてるのを感じる。

俺もいつかあの世、つまり本当のパラダイスに召される時がくる。その葬式では、俺が作詞作曲した「ありがとうの歌」をみんなに聞いてほしい。みんなに最後のお礼をしたいんだ。

「今日の葬式は楽しかったね」

とみんなが言い合えるように俺は人生の幕を閉じたい。そのことは遺言として息子に依頼済みだ。

しかしすべての夢はそこでオシマイ、ではない。

俺の夢はまだまだ続く――。

天国で仲間たちと、再びバンドを結成すること――。

リードボーカルは、もちろんマッちゃんだ！

俺は、サイドボーカルでハモリをバッチリ決めるよ！

それが俺たちのスタイルだし、俺たちの真のサウンドだ。

その時まで楽しみに待っていてくれ。
そして、俺は天国で夢を描き、夢を実現していく。
俺の真の夢への挑戦は、天国から始まる。

（あとがき）

三十年以上に渡ってお付き合いのある、車検のコバック・キャラクター「コバサンタ」の生みの親であり、一般社団法人日本己書道場総師範である杉浦正さんとは、ずっといつも夢を語り合う関係だった。

杉浦さんからは常に小林憲司は啓蒙家だ。それに相応しい本を書いたらどうか？と打診され続けてきた。今回、杉浦さんの経営する快晴堂さんが出版事業をスタートしたことで、直接の依頼を受け人生はじめて自分の幼い頃からの出来事と、夢を実現する実話を世に披露することとなった。正直、自分の人生を知られるのは恥ずかしい思いもあるし、上手くいかなくて惨めな自分をさらけだすようなことは、避けたいという気持ちもあった。知られなければそれはそれで、自分の中だけにしまっておくこともできた。しかし、杉浦さんの熱心なお誘いに首を縦に振ることになった。杉浦さんの思いに応えたいという気持ちが先行した。結果として、このような貴重な機会を頂いたこと、杉浦さんには感謝の気持ちでいっぱいです。この本を手にして頂いたみなさんと出逢えたこと、そしてこの本をきっかけにご縁の輪を広げていくことができれば幸いです。

最後になりますが飯塚書店の白崎さん、快晴堂の新川社長には、熱心にサポートして頂き感謝しています。お二方の後押しにより自分をさらけ出すことができました。そして、この世に生まれて私と出会った家族、友達、仕事仲間、地域社会の皆さんとの出逢い、全ての出来事に感謝しこれからも大切にさせて頂きます。

二〇二五年一月　吉日

小林　憲司

著者プロフィール

小林　憲司（こばやし　けんじ）

株式会社コバック・ホールディングス
代表取締役社長

株式会社コバック・ホールディングス代表取締役社長。一九六三年生まれ。豊田市の小学校、中学校を卒業後、自動車整備士を目指して豊田工業高等学校自動車科卒業。隣町の自動車整備工場で修行し、二十歳で小林モータース入社後、二級整備士取得。二十三歳で「車検センター新豊田」オープン。二十六歳で「車検の全国FC展開」をスタート、三十二歳で株式会社コバック代表取締役社長に就任。車検のコバックは全国五五〇店舗を突破！数々の自動車関連事業をはじめ、外食、ITと分野を広げ年商は百二十億円を超える。日本己書道場名誉顧問。

座右の銘は「心に描いた夢は必ず実現する！」

音楽はロックンロール、ギターが趣味でバンドも組む。愛車は一九九一年式のトヨタ・エスティマ。

あなたに夢はありますか
~自分の夢を大切にするＤＮＡパラダイス人生~

二〇二五年二月十四日　初版 第一刷 発行

著　者　小林　憲司

発　売　株式会社飯塚書店
〒一一二－〇〇〇二
東京都文京区小石川五－一六－四
電話　〇三－三八一五－三八〇五

発行者　新川 雅文
発　行　有限会社 快晴堂
〒四六一－〇〇〇四
愛知県名古屋市東区葵二丁目十一番二十二号
アバンテージ葵ビル 四階 四〇五号
電話　〇五二－九三三－六一一五

印刷・製本所　株式会社 山菊